U0629430

诘棋之神

前田陈尔死活杰作

精选精讲

胡丹蔚 编著

马如龙 审定

天津出版传媒集团

天津科学技术出版社

图书在版编目（ＣＩＰ）数据

诘棋之神 ： 前田陈尔死活杰作精选精讲 / 胡丹蔚编
著. -- 天津 ： 天津科学技术出版社，2022.7
ISBN 978-7-5742-0278-8

Ⅰ．①诘… Ⅱ．①胡… Ⅲ．①死活棋(围棋) Ⅳ.
①G891.3

中国版本图书馆CIP数据核字(2022)第109095号

诘棋之神：前田陈尔死活杰作精选精讲
JIEQI ZHI SHEN: QIANTIANCHENER SIHUO JIEZUO JINGXUANJINGJIANG
责任编辑：石　崑
责任印制：赵宇伦

出　　　版：天津出版传媒集团
　　　　　　天津科学技术出版社
地　　　址：天津市和平区西康路35号
邮　　　编：300051
电　　　话：(022) 23332392（发行科）23332369（编辑部）
网　　　址：www.tjkjcbs.com.cn
发　　　行：新华书店经销
印　　　刷：天津印艺通制版印刷股份有限公司

开本 710×1000　1/16　印张 20.75 字数 200 000
2022年7月第1版第1次印刷
定价：58.00 元

前言

　　前田陈尔为日本棋院九段棋士，以"诘棋之神"的绰号享誉棋坛，一生著作等身，为广大围棋爱好者所喜爱。

　　前田陈尔的主要诘棋作品有《前田诘棋集》、《新选前田诘棋集》、《新选诘棋百题》（正、续两册）、《诘棋之神1、2》（两册）、《前田初、中、上级诘棋》（三册）、《痛快前田的诘棋》、《痛快诘棋杰作选》、《一百万人的诘棋1——前田陈尔》等。

　　本书自诩为亲民版，希望通过抽丝剥茧般的讲解，褪去死活题神秘的外衣，使普通棋迷也能领略其中的奥妙。让旧时王谢堂前燕，飞入寻常百姓家，就是笔者的愿望。

　　在本书编写过程中，得到了马如龙职业三段的大力支持，在此表示感谢！

胡丹蔚

二零二二年春节

目 录

活之部

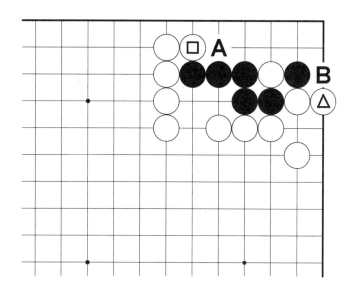

问题图（哼哈二将）

一路白△子和二路白□子，从两侧威胁着黑棋的眼位，犹如神话中的哼哈二将，威力不容小觑。

活棋有扩大眼位和占要点两大思路，一般是先考虑扩大眼位，再考虑占要点，当然有时需要两种方法交叉使用。现在A、B两边挡扩大眼位，显然不靠谱，我们不妨先考虑下占要点。

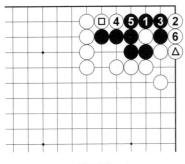

失败图1

失败图1（三个一）

黑1提，符合一手棋、一个点、一只眼的"三个一"要点原则。

但此手完全漠视了白△子硬腿的威力，被白2跳入，黑3不能断只能团。白4、6次序井然，黑被杀，哼哈二将发挥了威力。

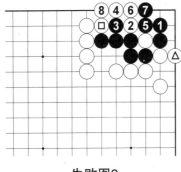

失败图2

失败图2（顾此失彼）

黑1并在二二位，也是常见的角上要点，而且使右侧白△子有劲使不上。

但顾此失彼，左侧白□子开始发威，白2扳简明操作，尽管以下黑连冲带打，角上最多一只眼。

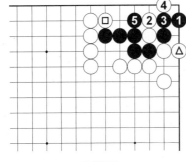

正解图

正解图（完美结合）

黑1尖在一•二位，是扩大眼位和占要点的完美结合——既避开了白△子硬腿而最大限度扩大眼位，又占据了常见的角上要点。如白按上图操作，则黑提子后黑1位置恰到好处。

如白2跑，黑3愚形团可以扛住。

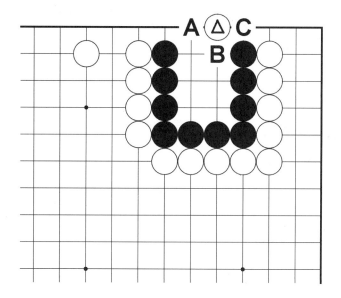

问题图（不速之客）

黑边上数子长得高高大大，俨然一个小巨人。白△子一路点入攻击，左右均可渡，黑如何欢送这位不速之客呢？

黑有A位尖顶、B位上压和C位挡三种方式，请斟酌之。

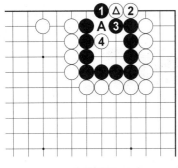

失败图1

失败图1（刀五）

黑1尖顶，看棋形颇有章法，但意外的是，这是倒地最快的死法。白2渡不动声色，黑3打吃并不是先手，被白4点杀刀五。

白2如下A位打，则黑趁机于3位断打，打劫都不用，居然是净活。

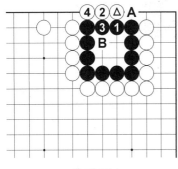

失败图2

失败图2（方四）

黑1上压，并不是愚形妙手。白2长不慌不忙，黑3做成方四，虽是先手，这个先手有用处吗？毫无用处。

白2如下A位，则黑3下B位，三眼两做而活；白2若下4位，则黑3下在2位扑，还是净活。

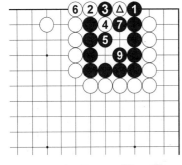

正解图　⑧＝❸

正解图（曲三）

黑1挡分断干脆利落，只给白△子留下2位渡一条路。黑3扑强迫白4提子，顺势走到黑5、7挡打先手，这才是有用处的先手。

从失败图1的刀五，再到失败图2的方四，最后到了本图的曲三而活。

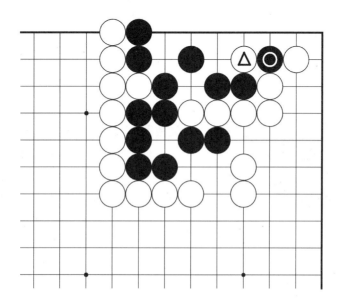

问题图（牵制）

黑中间一只后手眼清清楚楚，只要边上做出先手眼，黑就是两眼活棋。

白△子对棋的眼位虎视眈眈，幸亏有黑●子对之形成牵制。如何使黑●子发挥最大作用，就是我们需要深入思考的。

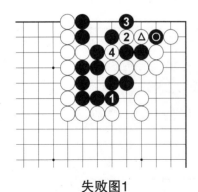

失败图1

失败图1（迟钝）

黑1单做中间后手眼，完全漠视白△子，属于感觉迟钝。

白△子很生气，下2位横着打过来，黑3虽然是先手，但白4提子后，黑边上成假眼，非常明显。

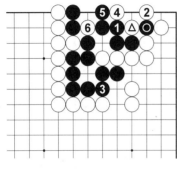

失败图2

失败图2（转向）

黑1打，以为先手阻止了白△子前进的步伐，是不少读者的错觉。待白2提，黑3安心去做中间后手眼。

孰不知，白△子二路被挡，白可以转向一路4位，黑5挡但挡不住，白6扑当然，简单破掉黑边上眼位。

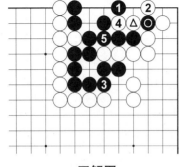

正解图

正解图（接地气）

黑1一路小尖之先手自有妙处，白4二路打企图故伎重演，黑5接没事。

黑1落子于一路，因其接地气，掩护住了边上的眼位。初学围棋时有一路是死亡线的说法，层次高了，就会经常体会到一路多妙手。

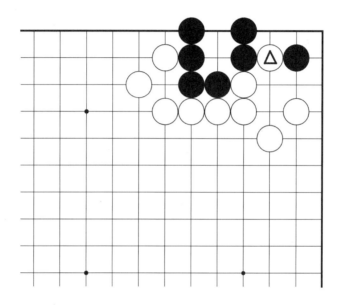

问题图（晋西北铁三角）

要想活棋，黑还得在角端再做出一只眼，这个任务就交给晋西北铁三角，赫赫有名的李云龙、丁伟和孔捷他们了。

同时提示下，白△子就在黑的嘴里，不吃不好意思，吃了怕有麻烦，这话说得，到底吃还是不吃？哈哈，吃就是不吃，不吃就是吃。

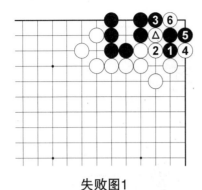

失败图1

失败图1（不吃）

黑体现"高境界"，不去吃白△子，黑1先手扩大眼位后，再黑3渡。

白4、6扳扑毫不客气，黑的境界被啪啪打脸。

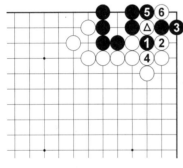

失败图2

失败图2（吃）

黑1断吃，待白2卡打，黑3再立一·二位扩大眼位，次序好。

白4提，黑5去打吃白△子，还是没忍住，结果白6扑，黑只能打劫活。

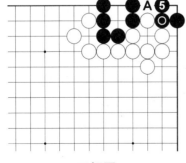

正解图

正解图（跨界操作）

黑5再立，白棋干瞪眼，难不成你还能下A位？黑●子和黑3、黑5做成一个三角形，角端眼位牢不可破。

话说三角形具有稳定耐压之特点，例如埃及金字塔侧面就是三角形，本题是数学物理知识跨界的成功操作。

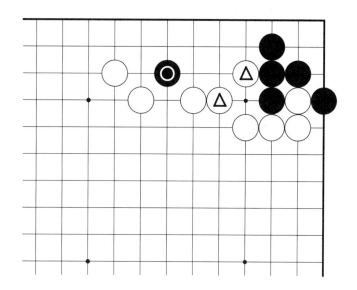

问题图（温床）

单靠角端，黑眼位肯定不够，亟需在边上扩大眼位。

白虽然厚实，但边上还有黑●一子呼应，而白△两子小尖的形状，是很多妙手的温床，请开发之！

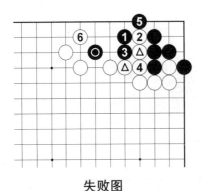

失败图

失败图（五十笑百）

黑1跳竭力扩大眼位，自以为优于二路拐，但被白简单冲杀。

这个结果，说明黑1的自以为是，只是五十步笑一百步而已；而黑●子也感到尴尬，有它没它一个样。

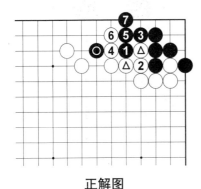

正解图

正解图（吃）

黑1单卡，使白△两子小尖之形顿感无力。白不敢冲下去，只好于2位接上。黑3得渡，白4、6痛快两下，黑7活棋可以满意。

等等，说好的黑●子呼应作用在哪里？别急，请看下图——

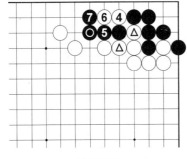

变化图

变化图（彰显无遗）

白不甘心失败，悍然于4位二路断打，结果只是送菜而已。

黑5粘即可，白6爬和黑7的交换，只不过让黑●子的作用彰显无遗。

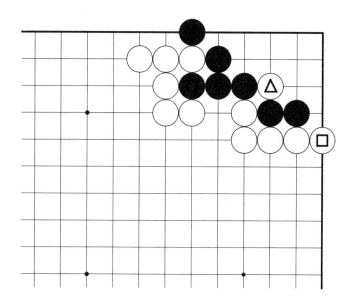

问题图（雪上加霜）

被白△子断，黑已经很吃力，何况还有白□子作为强有力的后盾，更是雪上加霜。

稍有棋力的读者，肯定会想到弃子。但你以为想弃就弃吗？那可不见得，就像送礼有技巧，弃子同样要讲究方式方法。

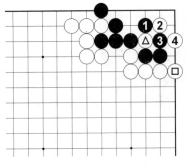

失败图1

失败图1（意外）

黑1这样打吃，自信满满。

就在黑在等白棋跑，自己准备再打一下时，意外发生了——这个位置已经有白子了，可恶的白2！

黑3提，白依仗白□子硬腿，于4位一扳而过，黑角被净杀。

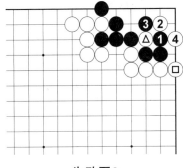

失败图2

失败图2（还是）

黑突然发现，黑1这样打吃，不是更好吗？白△子又跑不掉，看来刚才弃子是草率了。

可气的是，白2还是这个位置，还是扳；更可气的是，白4还是这个位置，还是扳，黑还是被净杀。

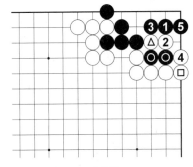

正解图

正解图（敌之要点）

黑终于想起敌之要点我要点，于1位跳是正解。白只能满足于吃黑●两子，眼睁睁看着黑大部队做活。

话说回来，猫有九条命，这个黑角只有一条吧。站在对方的角度思考问题，是保证正确计算的不二法门。

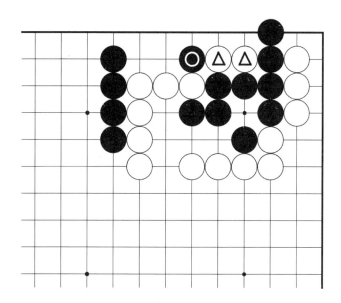

问题图（忙里偷闲）

　　二路边上黑●子和白△子都只有两口气，但问题是黑有空吗？还真没空，中间是一只后手眼。

　　时间就像海绵里的水，挤一挤总是有的。

　　看黑如何忙里偷闲，愣是在边上做出先手眼，再抽空去做中间后手眼。

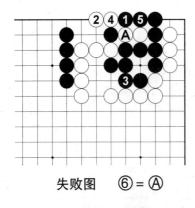

失败图　⑥＝Ⓐ

失败图（自圆其说）

黑1直接打吃，看似也能自圆其说。这是期待白棋打，黑提子后，有个一路扳打劫渡的后门。

白2跳巧妙，破坏了黑的计划。黑3中间团做眼，白4、6是常用的破眼手段，黑被杀。

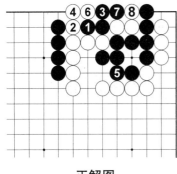

正解图

正解图（还是）

黑1、3冲立，初看令人莫名其妙。这是什么操作？白4立不照样还是先手吗？

黑5还是转向中间，不在意白6打吃。因黑准备好了7位冲送吃，待白8提子，谜底即将揭晓……

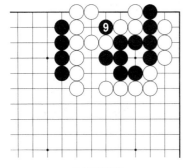

正解图续

正解图续（浮出水面）

黑9断，漂亮的组合手段终于浮出水面。没错，这就是传说中的倒脱靴，下手的手筋，上手的常识。

当你不再惊叹于本型的精妙，那就意味着你已经踏入了高手的行列。

第 8 题

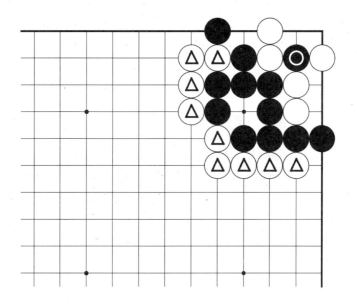

问题图（另类大头鬼）

互相包围的棋形，从最里面的黑●子，到最外面的白△子，中间还隔着黑白各一层。想杀掉白角不大现实，但只是活出黑角，还是大有希望的。

对于本书的读者，大头鬼是耳熟能详的基本手筋，但标题为何要加个另类呢？你还别不信，如果按照大头鬼的普通下法，你就会掉进自己挖的坑里面。

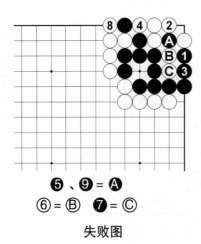

⑤、❾ = Ⓐ

⑥ = Ⓑ　❼ = Ⓒ

失败图

失败图（常规操作）

黑1、3滚打，手筋运用娴熟。至黑9提，形成劫活，这是常规操作。

这里有个有趣的变化，假设黑没有星位这只眼，白4居然可以脱先，黑如在4位接，白棋可再次脱先，黑最后成葡萄六而亡。

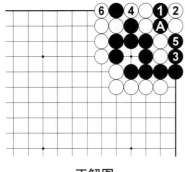

正解图

正解图（步步推进）

黑1多送一子，是大头鬼的基本手法，接着黑3、5步步推进，一点也不担心白6提子，请看下图——

过程中，黑3、5如按捺不住，想在A位扑表演正宗的大头鬼，被白一提，黑重蹈失败图之覆辙。

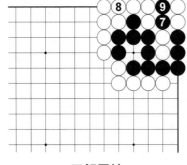

正解图续

正解图续（6目）

见证奇迹的时刻到了，黑7提吃白两子，同时吃白另外两子接不归。

以后白8粘，黑9提，局部定型。黑有5目空，加四个提子的4目，扣除被白棋提了三子的3目，5+4-3=6，黑角算成6目比较方便。

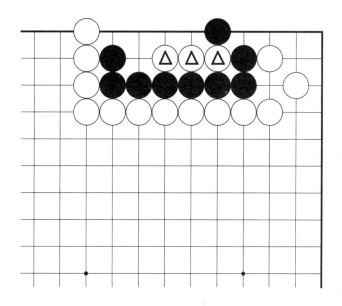

问题图（和平共处）

白△三子横亘于黑阵中，做出一副就喜欢你看不惯我，又干不掉我的表情，还露出贱贱的笑容。

说实在话，黑吃掉这三子容易，就怕消化不良，被做成聚杀。黑家大业大，冒风险不值得，还是做双活和平共处吧。

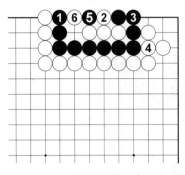

失败图1（七个眼位）

黑1挡扩大眼位思路正常，里面眼位有七个，且没有葡萄六的迹象。但白藏有2位打的手段，黑3接沉溺于七个眼位中而不能自拔。被白4紧外气，因气紧，黑5扑与不扑都被眼杀。

黑3应于5位扑，还可做劫活。

失败图1

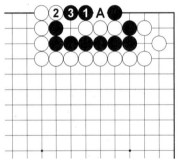

失败图2（笑话）

扩大眼位不行，黑换个思路，下1位抢占要点，其实这是个错觉。

白2简单一拐，黑3顶执迷不悟，已经是笑话了，因为白以后占A位就是个丁四聚杀。

失败图2

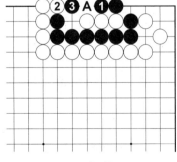

正解图（深刻理解）

简单的黑1一路爬正解，平凡中蕴藏着对棋形的深刻理解。就是欺负白不敢下A位打吃，否则白直三变成曲四，反让黑带着目数而活。

白2冲，黑3挡，双方心照不宣，做成双活。

正解图

1 活 之 部

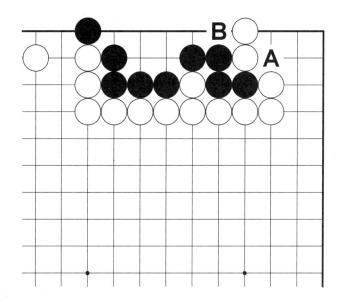

问题图（螺丝壳做道场）

如此狭小的空间，黑要两眼成活，难度不亚于螺丝壳做道场。

白棋A位断点，是黑的救命稻草。黑棋能否兑现B位挡的先手，是活棋的关键。

直接下B位挡显然条件还不成熟，怎么办？

有条件要上，没条件创造条件也要上——谨以此句和各位读者共勉。

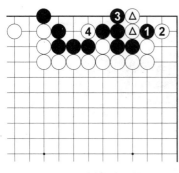

失败图1

失败图1（有益的探索）

黑1先断，迈出了走向成功的第一步，惜乎黑3马上打，手法粗糙。

白4断反击成立，黑光吃掉白△两子，还不足以成活。但黑做了有益的探索，请记住本图，回头再聊。

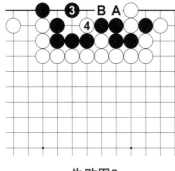

失败图2

失败图2（现学现用）

黑不在右边继续，于3位一路虎，先等一等，思路灵活。白无论下A位还是B位，都无法奏效。

白受到黑1断的启发，下4位断来了个现学现用，如此，黑还是不活。

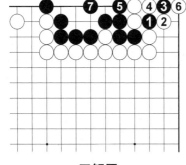

正解图

正解图（重现黑1）

黑3扳最大限度挖掘了此处的潜力，待白4提，黑5再打，此时白不能放弃三子。

白6那是含着眼泪提吃黑3一子，目送黑7补活，心中有太多的不舍，也只能满足于学了一招断的手筋。

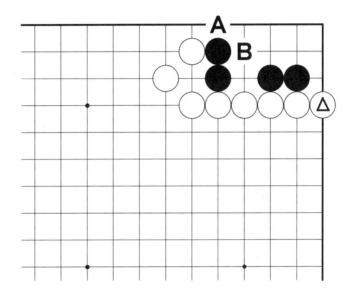

问题图（两边漏风）

黑角两边都漏风——右边有△子硬腿，漏得很严重；左边其实也好不到哪里去，黑棋有A位一路扳和B位二路夹的手段。

只有下出兼顾左右的好棋，才能确保黑角净活。

本型有趣在，有没有白△子，答案都是一样。

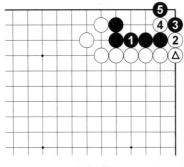

失败图（简单粗暴）

黑1接先堵住左边漏洞，并非漠视右边白△子硬腿，只因实在没空。

对白2、4冲断，黑5早就准备好了打劫的手段。虽然不是本型的正解，但这种简单粗暴的手法，也值得记忆。

失败图

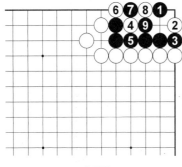

正解图1（在记忆的基础上理解）

直接揭晓答案——黑1跳一·二位，防止白棋从两边渗透。

这种手法请在记忆的基础上理解，背出就是有用。

白4二路夹入，黑7扑迫使白8提而撞上黑1，接不归。

正解图1

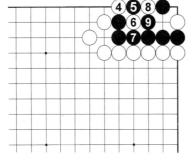

正解图2（熟悉）

白换个方法，白4、6位扳了断，看上去很厉害的样子。

黑7上打，迫使白8提而撞上黑1，又是接不归。

熟悉的配方，熟悉的味道，如果只看棋形，和上图一模一样。

正解图2

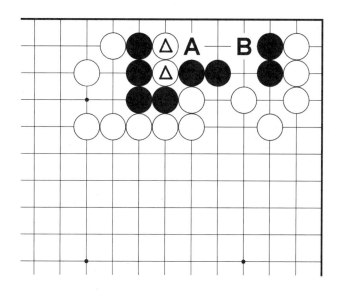

问题图（应用题）

吃住白△两子不是问题，问题是怎么吃。例如黑下A位二路打，白△两子被吃得妥妥的，但白在右边B位二路夹，黑做不出第二只眼。

温馨提示，本型是上一题的应用题。

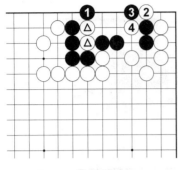

失败图

失败图（另一招）

黑1下一路打吃，显然是花了心思，防止了白二路夹的手段。但防了这一招，防不住白2、4扳了断的另一招。

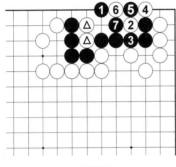

正解图1

正解图1（一不小心）

黑1跳就是对上一题知识点的应用，既吃住白△两子，又防止白从右边的渗透。

先看白2夹入如何——黑5扑迫使白6提子，一不小心撞上黑1的结果，就是被吃接不归。

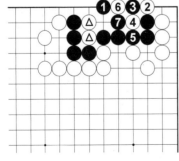

正解图2

正解图2（娴熟）

白改用2、4扳了断，也不会奏效。

有了前面一题的经验，想必黑会娴熟地下出吃白接不归。

再强调一遍，这种常型，背出就是有用。

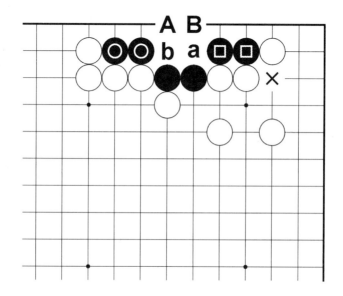

问题图（紧气二子头）

　　作为黑求活的基石，两侧的黑●子和黑■子竟然都是紧气二子头。黑A虎则白a断，黑B虎则白b断，黑陷入了困惑中。

　　让黑眼前一亮的是，突然发现白角上×处断点，这实在是不可多得的利好消息，求活就靠它了！

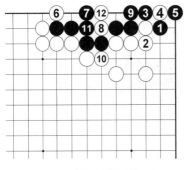

失败图

失败图（感觉 错觉）

黑1、3夹了渡，是感觉的好手，希望能借助角的特殊性，行至黑9粘似乎一切顺利。但白10、12一出手，才发现感觉是错觉。

过程中白4扑次序重要，否则黑9可于此处粘而活。

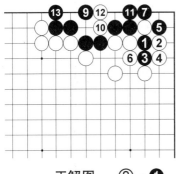

正解图　⑧ = ❶

正解图（实现构思）

黑1断算路精准，如白2打，黑3多送一子，最大限度放大白此处弱点，换来黑5先手渡。

以下其实就是上图夹的构思，通过本图断得以实现。

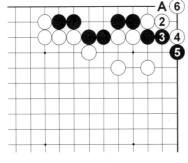

变化图

变化图（拼命）

白2退是最强应手，憋着4、6做缓气劫之手段。但此劫白负担太重，再说黑有本身劫材，黑自然不怕。

而且，黑5在A位夹，就可以化解白这种拼命手段。

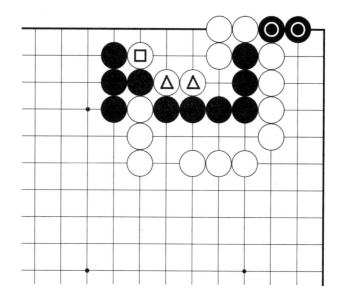

问题图（生命不息战斗不止）

　　黑给自己定了个小目标，留下白△两子，以救出中间一串黑子。

　　至于白□子只是顺手牵羊，不必在意。

　　要达成这个小目标，非得借助角端黑●两子不可。别看它只有两气，生命不息战斗不止是它的誓言。

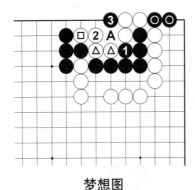

梦想图

梦想图（连累）

黑1从外面挤，看看白会如何补断。白2接，是黑的梦想，黑3一气打死。说起来，白△子就被白□子所连累。

白2当然应该在A位接，白□子就给黑，无所谓。

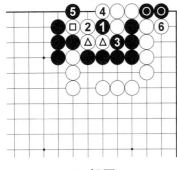

正解图

正解图（强制）

黑1从里面挤弃子，其原理是不让白转身，强制白△子和白□子连成一体，以图整体进攻。

白2不得不连，黑3挤打和白4提交换后，黑5扳，白6收气，然后——

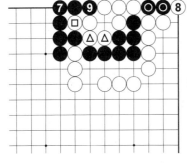

正解图续

正解图续（假眼也是断点）

黑7、9一落子，局面豁然开朗。

（1）左侧白边上提了一子，成了一个假眼；（2）右侧黑●两子被提，也送了白一个假眼；（3）因为假眼也是断点，所以白有两个断点被吃接不归。

第 15 题

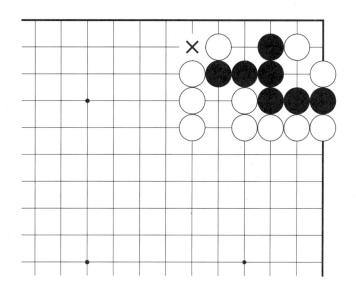

问题图（真功夫）

只看角上形状，黑心灰意冷。

再看边上断点，黑热血沸腾。

请充分利用白这个弱点，净活才是真功夫！

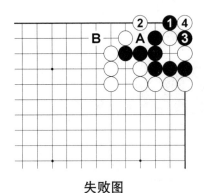

失败图

失败图（高手素质）

A位先手团俗不可耐，黑1单扳，不去惊动白断点，是高手的基本素质。白2尖只此一手，黑3扑，成为正宗的打劫。

白2下A位或B位为何不行？打劫何来正宗？看完正解图便知。

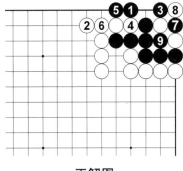

正解图

正解图（追打）

黑1一路小尖，瞄着二路断，先手效果远胜二路团。待白2虎补，黑3再扳。白4必挤，黑5爽快一下，白6接，黑7扑，白8提劫。

还是打劫吗？不，黑9从后面追打——

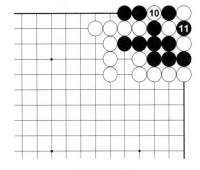

正解图续

正解图续（连环劫）

白10提，黑11也提，黑成连环劫而活。

连环劫虽然带个"劫"的字眼，其实不是劫；就像机器人也带个"人"的字眼，难道是人吗？

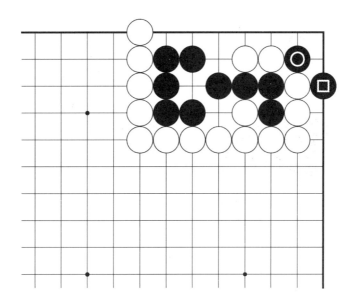

问题图（二士争功）

话说黑边上活棋后，召开了隆重的表彰大会，给黑●子和黑■子各自颁发了一等功荣誉证书。但是，在荣誉面前，这两位勇士膨胀了，都说活棋是自己的功劳。

怎么办呢？就让读者朋友来评评理吧。

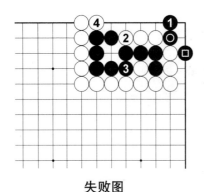

失败图

失败图（大局观）

黑●子于1位下立，哼哼，利用角的特殊性，对杀获胜！

白冷冷一笑，你的大局观在哪里？白2一挤，黑●子傻眼了。

大局观没这么神秘，左右兼顾，就是大局观。

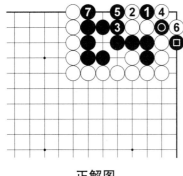

正解图

正解图（两处先手）

痛定思痛后的黑1扳，合黑●和黑■两子之力，为边上黑争取到了两处先手，就是黑3和黑5。

如此，黑惊险万分地在边上做出了第二只眼。

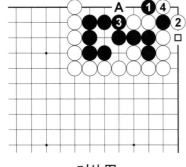

对比图

对比图（一处先手）

如果■处没有黑子，那么黑1扳就不能奏效。

因为白2可以从角端打吃，黑3或A位都是先手，但只能选择一个。如此，边上眼位消失，黑做活的希望也同时消失。

第 17 题

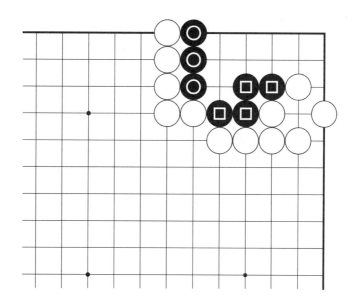

问题图（天罡北斗七星阵）

黑七颗子组成了天罡北斗七星阵，敌人来犯时，此阵法以静制动，击首则尾应，击尾则首应，击腰则首尾皆应，相当厉害。

但黑●三子和黑■四子一口外气都没有，这是此阵法的最大缺陷，不可不察。

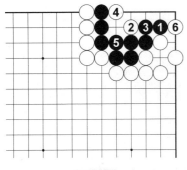

失败图1

失败图1（北极星位）

自恃阵法厉害，黑于1位扳扩大眼位，希望活得大一些。

白深谙此阵奥妙，抢占2位三子正中，这正是七星阵的北极星位。此点被对方占到，黑阵法就不得自由施展，最终被杀。

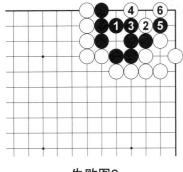

失败图2

失败图2（缩手缩脚）

初战失利，黑变得缩手缩脚，退守1位做小眼，希望平安做活。

反观白是越战越勇，2、4强行连扳，以劫争破阵。

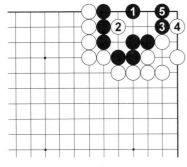

正解图

正解图（不得动弹）

黑1跳既是眼形要点，又缓和了自身气紧之弱点。白2孤身来犯，黑视若无物，于3、5扳立扩大眼位。

再看白2，被牢牢困于北斗七星阵内，不得动弹。

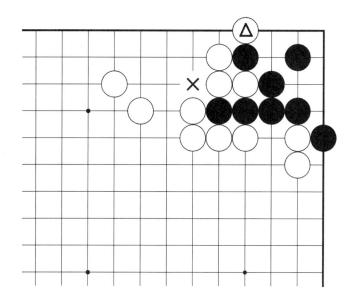

问题图（钥匙）

白△子刚下一路打，劫活还是净活，需要黑决断。

白三路上的断点，显然是解开这个问题的钥匙。

然而，仅此还不够，良好的次序是密码，缺一不可。

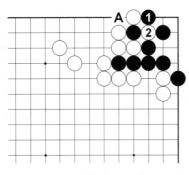

失败图1

失败图1（碾压）

　　因理论上黑可以净活，现黑1选择打劫，只能被归类到失败图。

　　但实战不同于理论，特别劫材绝对有利时，黑有信心以A位提消劫，活棋的同时还要破坏白空，以绝对的实力，碾压一切技巧！

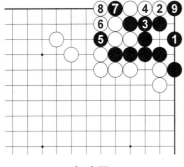

失败图2

失败图2（诱敌深入）

　　扩大眼位行不通时，黑1做小眼，诱使白2深入。

　　黑5先断、黑7再扑是绝对的次序，惜乎最后还得靠黑9扑劫，因白负担变轻，那还不如上图直接打劫。本图的价值在于思路！

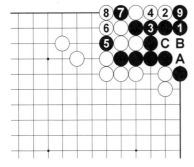

正解图

正解图（也是小眼）

　　因白A扑、黑B提随时要被交换到，从这个角度出发，黑1立，不也是做小眼（C位）吗？

　　思路正确，手法正确，如白还要执意破眼，以下不过是例行公事。

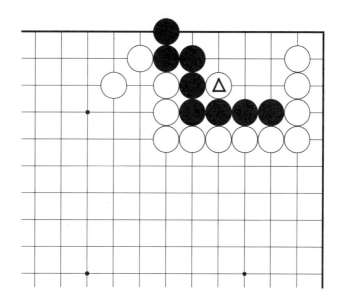

问题图（一举两得）

白△子紧贴黑棋壁上，如果不是需要眼位，黑都懒得吃它。

黑关注的重点是，吃了白△子还不够，第二只眼在哪里？如能一举两得，吃子加做眼，那就再好不过了。

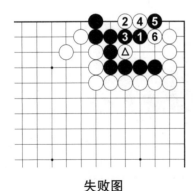

失败图（惹人喜爱）

黑1跳棋形不错，就像人五官端正，惹人喜爱。貌似这话风不对，这个"人"在语文中应该是指别人，黑的别人不就是白吗？

白还真喜爱黑1，因为白2一点，简单净杀。

失败图

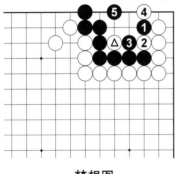

梦想图（大忽悠）

黑1一头撞向白壁，纯属大忽悠。白还真被忽悠瘸了，黑5机灵，净活。

其实白2冲了也没事，白4改于下黑5位即可点杀。

本图的价值在于找要点。

梦想图

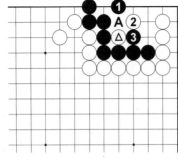

正解图（地雷）

从上图不难得知，黑1做小眼就是要点。此手在做眼的同时，还在白△子回家的路上布下了地雷。

白2尖企图逃跑，黑3打吃，白如A位接，就正好踩上了地雷。如此黑可活，大事可成也。

正解图

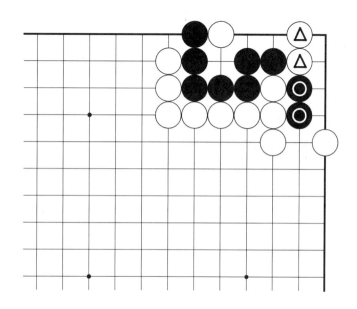

问题图（一举两得）

猛一看，是黑●子和白△子的对杀问题。

再一看，是事关整个黑角求生存之问题。

死活题中的吃子问题，经常会遇到吃了消化不良问题，请慎之。

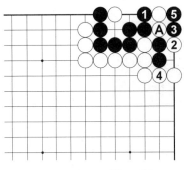

失败图1 ⑥＝Ⓐ

失败图1（志不在此）

黑1从外面紧气，是对杀的好习惯；白2从一路紧气，非对杀的好习惯。

偏偏白6还要再送吃一个，黑还真吃得消化不良了。原来白志不在对杀，而在于杀棋。

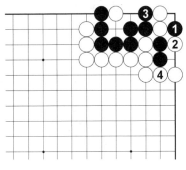

失败图2

失败图2（东施效颦）

黑1也从一路开始紧气，纯粹是被上图的白2刺激而模仿。

但被白2、4扑了打，黑已经不想再继续，因为这个棋形太熟悉，上次就是这样被白干掉的。黑1羞愧难当，东施效颦说的就是我啊。

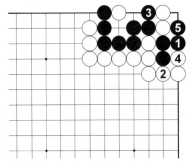

正解图

正解图（事不过三）

事不过三，黑隐隐约约猜到了——这就是黑1立，就算对杀失利，也不给白棋扑的机会。

行至黑5拐，白也不下了。我也要面子的好不好？就不给你表演倒脱靴的机会！

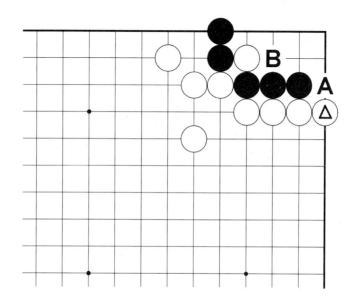

问题图（距离）

　　右侧白△子硬腿严重威胁着黑角的安全，黑要活棋，关键是处理好与它的距离关系。

　　例如黑下A位靠近，马上被白B绝杀，那远一点如何呢？

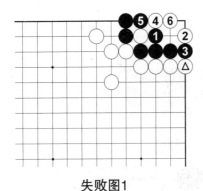

失败图1（纠缠不休）

　　黑1拐打，离开这么远，看似很安全。

　　但白2跳，强迫黑3靠近，白4来了招一路反打，黑被有眼杀无眼。

失败图1

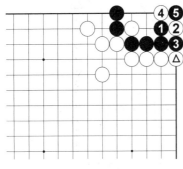

失败图2（阴魂不散）

　　黑1二路曲，稍微离开点，这样总行了吧？

　　白阴魂不散，于2位托继续纠缠，结果成打劫。

失败图2

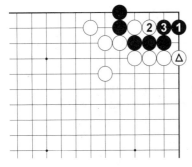

正解图（若即若离）

　　黑1小尖和白△子保持了科学的人际社交距离，若即若离体现高情商。

　　这手棋好就好在，右边不给白△子强迫撞气的机会，左边又能轻松对付白2的暴动，可谓左右逢源。

正解图

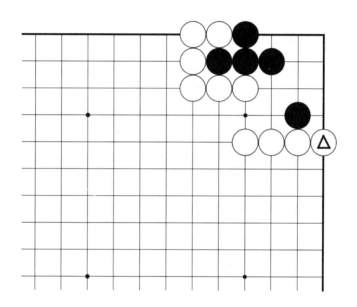

问题图（虎视眈眈）

黑角的空间不大不小，但因白△子硬腿虎视眈眈，活棋绝对不可掉以轻心。

安全无小事，责任大于天，漫不经心地补棋，只会害了自己。

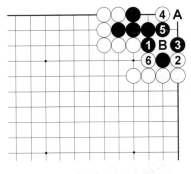

失败图1

失败图1（连环劫）

黑1挡竭力扩大眼位，白2冲缩小眼位，待黑3挡，白4占要点，黑5挡，则白6破眼杀棋。

别以为黑有A位扑劫，外面还欠着B位的劫，最多做个连环劫，局部还是被净杀。

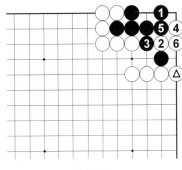

失败图2

失败图2（于心不甘）

黑1这次学乖了，改占1位要点。

白2夹继续进攻，黑3不冲于心不甘，但遭到白4一路小尖袭击，黑5打吃，白6可以接，连打劫都没有。

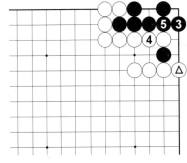

正解图

正解图（活着就好）

人在屋檐下，不得不低头，黑3尖忍辱负重。

白4先手接，将黑角搜刮成两目而活，黑只能念叨着，活着就好，以此平复心情。

第 23 题

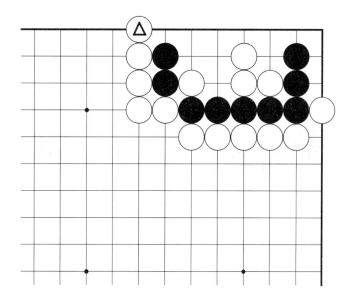

问题图（硬腿开会）

又见一个白△子硬腿，连续三题，估计硬腿们在开会，研究进攻黑。

已经见识了前面两题中硬腿的威力，黑可不要贪心，要警惕白的强硬反击手段。

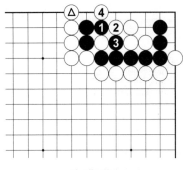

失败图1

失败图1（被惩罚）

黑1二路拐打，不仅要活，还要吃白四子。

白2、4利用白△子硬腿回家后，黑徒留一个假眼，贪心遭到惩罚。

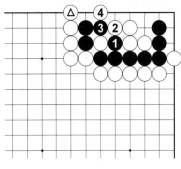

失败图2

失败图2（大师坂田）

黑1三路冲打，显然是要弃子。但白不接受，以同样的2、4杀黑。

话说日本围棋大师坂田荣男，在大赛前反复打古谱，温故知新兼平心理。建议读者可回顾本书第6题，你就会发现——

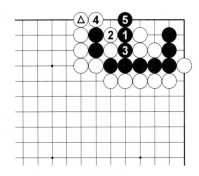

正解图

正解图（若即若离）

和第6题道理类似，黑1靠妙手，强迫白接受弃子。

能够把右边三个白子收入囊中，黑活棋自然不是问题。

第 24 题

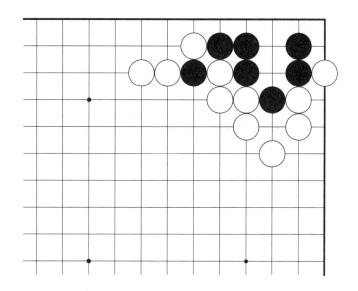

问题图（四面楚歌）

黑角面临着白从三个方向的进攻，左边一路扳，中间三路扑，还有右边一路冲。

虽然不是四面楚歌，但如果处理不当，楚霸王项羽的悲惨命运就该落到黑头上。

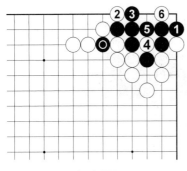

失败图1

失败图1（激活）

黑1挡在右边一·二位，符合角端最容易做眼的原则。但白2扳、4扑缩小眼位后，再白6点眼几乎是惯性，黑无力抵抗。

此时黑才发现外围黑●子，哦，应该激活它。

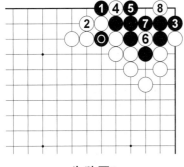

失败图2

失败图2（麻木不仁）

黑1不打白不打，只有好处没有坏处。但白4扑时，黑5提麻木不仁，根本显示不出黑1之作用。

如此，黑还是被杀，也就顺理成章了。

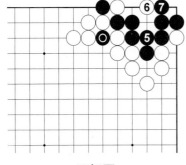

正解图

正解图（一人一个）

下手在收官时，会被上手便宜几十目而浑然不觉，只因不懂好东西该一人一个。

同样道理，当白扑缩小眼位时，黑5就换个地方扩大眼位。白6点进得来回不去，黑角净活。

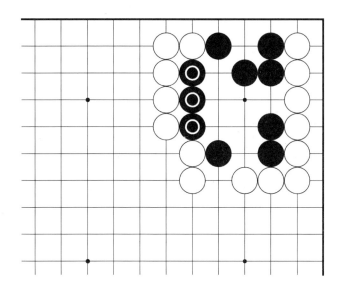

问题图（含糊其辞）

黑边上确定有一只后手眼，中央应该有一只先手眼。

但是，围棋不相信应该，这种含糊其辞的说法靠不住，唯有计算才靠得住，毕竟中间黑●三子气紧。

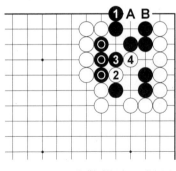

失败图1

失败图1（暴露）

黑1立可谓细腻，A位做眼自不待言，而立在右边B位做眼，目数要亏损1/3目。

但这不是重点，重点是被白2断、白4反打，黑●子气紧弱点充分暴露，黑中央没真眼，真没眼。

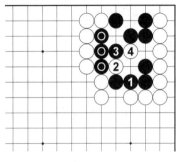

失败图2

失败图2（体无完肤）

黑1改在中央挡扩大眼位，以为就算被白棋先手冲，曲四眼位也够了。

不曾想，白只会2、4这两招，偌大的一个空间被冲击得体无完肤。

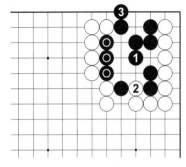

正解图

正解图（深刻认识）

深刻认识到黑●子的气紧弱点，黑1愚形曲补，不怕棋形猥琐，不怕别人笑话，就要确保中央先手一眼。

白2冲，黑3脱先转于边上，安全着陆。

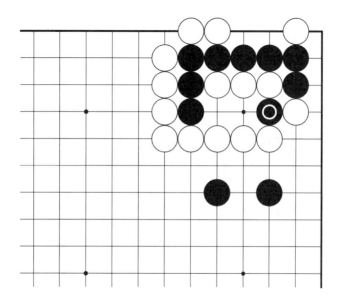

问题图（姊妹篇）

第24题的姊妹篇，不依靠外围黑●子，黑角上实难做出两眼。

本题严正声明，我是姐姐，要比第24题妹妹大，难度自然也要高。

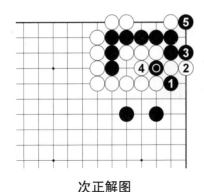

次正解图

次正解图（忠厚）

一路打并无效果，黑1二路卡打利用到位。白2立，则黑3先手打后，黑5扑成涨牯牛而活。

如此流畅的过程，被称为次正解，只因白2太过忠厚，请看下面两图——

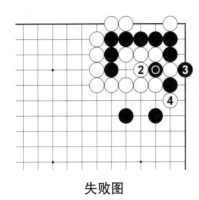

失败图

失败图（狡猾）

白2单提狡猾，不信你看，本图黑3就上当了。

被白4反打，黑无法回头，只好接受打劫活的结局。

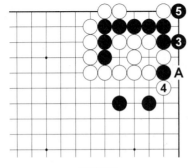

正解图

正解图（双方最强）

黑3单立，再占A位即可渡过，逼迫白4外面补一手，黑5扑成活。

但从白的角度来说，顺势走到4位，已明显优于次正解图。围棋是两个人下的，故死活题强调双方最强变化，大家好才是真的好。

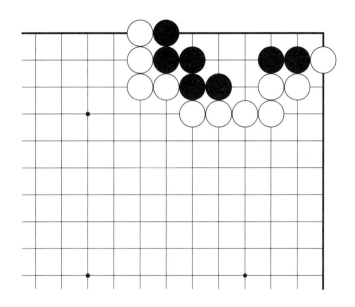

问题图（角的特殊性）

黑整体气紧，求活时要特别留意此点。

还要注意到，双方在角端狭窄之处争夺，角的特殊性被谁利用到，谁就占优势。

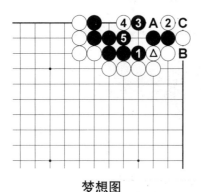

梦想图

梦想图（白不入）

黑1挡扩大眼位，白以为有白△子将黑挤为断头曲四，故下2、4扳点。

普通黑会因A位不入而被杀，但因角的特殊性，白有B、C两断点，A位不入的反是白，黑侥幸得活。

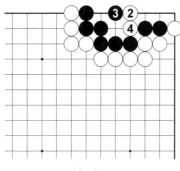

失败图

失败图（黑不入）

觉察到黑气紧的缺陷，白2点是严厉的进攻。

带着眼位的黑3尖顶，被白4断入，黑两边不入而亡。

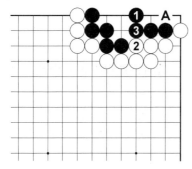

正解图

正解图（三眼两做）

通过前面两图可知，扩大眼位不可取，一路倒虎是要点。

黑1占到此点后，白2团则黑3挡，已是三眼两做的活形；白2如下A位扳，黑占2位，即还原成梦想图。

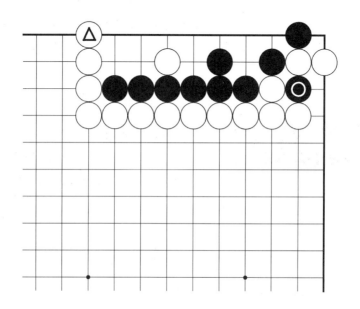

问题图（老兵不死）

焦点在左方阵线，因有白△子硬腿，二路白子已无危险。既然吃不掉，黑欢送其出境的方式就大有讲究。

而遥远的右方战线，黑●子将会演绎老兵不死的传说。

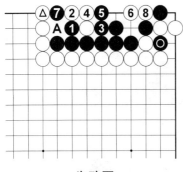

失败图

失败图（笨拙）

黑1贴，将笨拙两个字体现得淋漓尽致。白不得不用6位点告诉黑，只有围棋菜鸟，才认为打吃一定是先手。

黑7虽提三子，但因A位没子只是断头曲三，白8补刀杀黑。

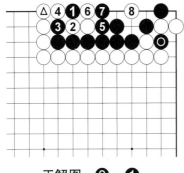

正解图　❾ = ❶

正解图（轻盈）

黑1跳尽显轻盈，白2冲是正常的反应。黑就放任白成三子而回，如此使白8再点显得无力，因黑9提到完整白三子是先手。

此时，右边的黑●子空有老骥伏枥之志，别急，请看下图——

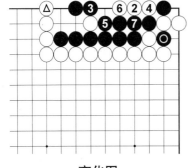

变化图

变化图（山人自有妙计）

白2点最强，黑3、5一心一意在左边做小眼，一副山人自有妙计的神情。

白最恨别人装酷，愤然于6位冲入破眼，黑7接激活黑●子老兵，白2、4、6成为送菜。

第 29 题

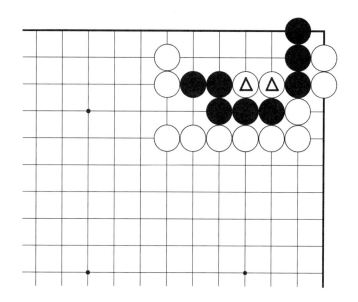

问题图（方法论）

黑吃白△子有好几种方法。

黑扩大眼位有好几种方法。

黑要净活却只有一种方法。

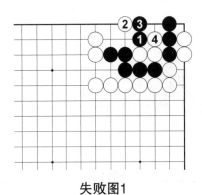

失败图1

失败图1（干净利落）

　　黑1二路关门，吃法干净利落。

　　白2一路小飞，杀法干净利落。

　　只会吃子，是不行的。

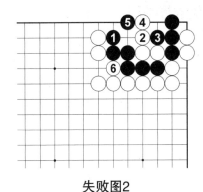

失败图2

失败图2（不入子）

　　黑1挡扩大眼位，黑3挤防止被聚杀。

　　白2曲要做聚杀，白4立做两边不入。

　　只会扩眼，是不行的。

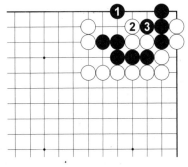

正解图

正解图（快意恩仇）

　　既扩大了眼位，又控制了白两子，这就是黑1。

　　既防止被聚杀，又确保对杀获胜，这就是黑3。

　　上图被吃不入，本图反吃不入子，快意恩仇也！

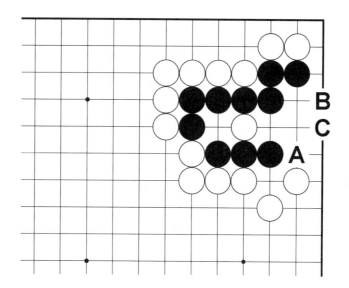

问题图（请选择）

黑要活棋，于A位二路挡扩大眼位，值得优先考虑。

而作为白，只有一路点入破眼，B还是C呢？

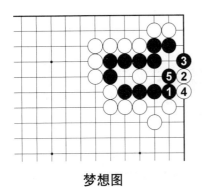

梦想图

梦想图（丰富）

白2在这里点不佳，因黑3尖顶眼形丰富，白4退，黑5打。

轮到白下，并无进一步的破眼手段。

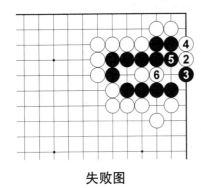

失败图

失败图（匮乏）

白2在这里点不错，因黑3尖顶眼形匮乏，白4退，黑5打。

轮到白下，可于6位冲杀黑棋。

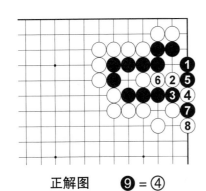

正解图　**❾**＝④

正解图（细腻）

如此可知，黑1一路尖是要点。

白2跳入，黑3冲，可一笔带过。值得一提的是白4扳细腻，宁可送一子，也不让黑立，如此目数便宜。

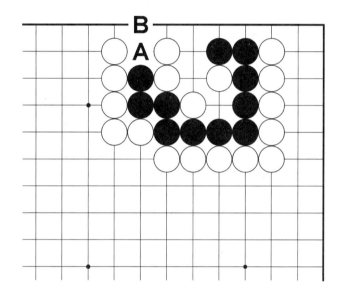

问题图（请选择）

　　黑A位冲和白B位挡的交换必然，就从这里开始计算。

　　如果黑做活失败，就会遭到小小的惩罚，连续念100遍绕口令——吃葡萄不吐葡萄皮，不吃葡萄倒吐葡萄皮。

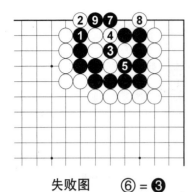

失败图　　⑥＝❸

失败图（笑开花和偷着乐）

黑1、白2交换后，黑3扑送吃，接着黑5打，白6接时，黑脸上笑开花，白心里偷着乐。

黑7打吃接不归，白8扳，黑提六子，还有然后？

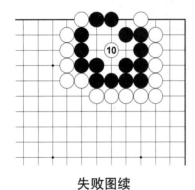

失败图续

失败图续（目瞪口呆）

白10点入，黑目瞪口呆，吃了这么多只是个葡萄六。

黑只好回去，念叨100遍绕口令。

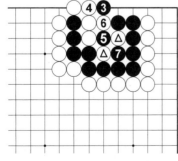

正解图

正解图（要求不高）

暴饮暴食害人不浅，黑3一路尖才是科学的进食方式，迫使白4接撞气，并再以黑5扑迫使白6提撞气。

做好准备工作后，黑7再打吃，只要求提吃白△两子，两眼活棋。

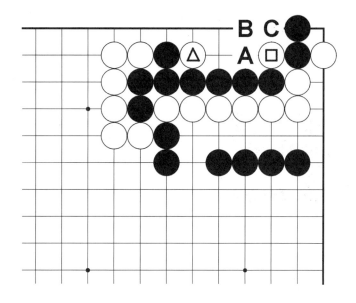

问题图（选择题）

白△子不可留，白□子必须留。

问题简化为如何吃白□子，为方便读者，进一步简化为选择题——朴实的A位二路拐打，潇洒的B位一路跳枷，怪异的C位一路拐打，请选择。

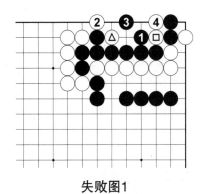

失败图1

失败图1（戛然而止）

黑1二路打手法朴实，白2渡，黑3不打而尖，还照顾到了自身气紧的问题。

但这一切，因白4先手灭眼戛然而止。

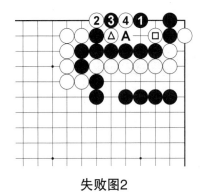

失败图2

失败图2（骤然停顿）

黑1一路跳手法潇洒，是在前面第11题和第12题出现过的经典手筋，白2渡，黑3扑，白4提，黑下一步正要打吃——

但这一切，因黑A位不入子而前功尽弃。

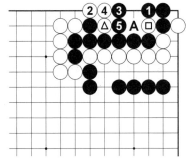

正解图

正解图（步步紧逼）

黑1一路打手法古怪，白2渡，黑3跳，白4接，黑5打，黑活棋很清楚。

在黑的步步紧逼下，白始终没有机会走A位。

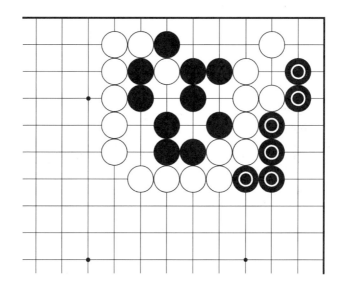

问题图（深情厚意）

黑在上下各有一只后手眼，有忠孝不能两全之惑。

右边的黑●子一直为左边黑子呐喊助威，请伸出橄榄枝，回报其深情
厚意。

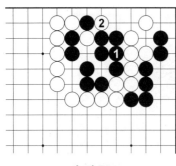

失败图1

失败图1（解释）

可能有人认为，黑边上眼位没问题，那么黑1在中间做眼时，白2卡打，就做出了最好的解释。

实战中，对方的解释是残酷的，甚至要以一块棋的生死作为代价。

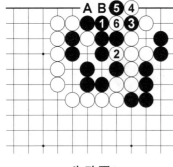

失败图2

失败图2（各有千秋）

黑有两种打劫方式——黑1团先护住边上一眼，待白2在中间破眼，黑3硬挤入成劫，劫胜后目数便宜；黑1单在6位曲也是打劫，优点在有本身劫材。

但打劫就是失败，请看正解图。

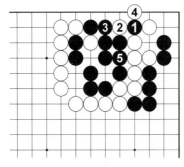

正解图

正解图（空灵清新）

黑1单挤手法空灵清新，这就是向右边黑伸出的橄榄枝。

白别无他法，只好接受弃子。而黑以微小的代价换来净活，自无不满。

1 活 之 部

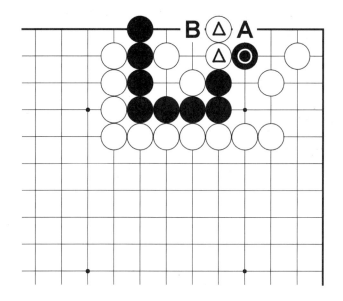

问题图（弃子和反弃子）

黑先求活。先看一个简单的变化，黑A挡贪心，白B做葡萄六而杀黑。这个变化固定了黑1，同时揭示了本题弃子和反弃子的主旋律——黑不仅不吃白△子，还把黑●子送给白吃；而白呢，就是想把白△子送给黑吃，还要多送。

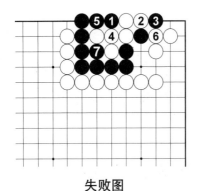

失败图

失败图（震惊）

黑1是防止聚杀的要点，白2一路爬开始弃子，黑3扳反弃子自以为精妙，但白4接走成六子，大弃子出炉！

黑震惊之余，只能硬着头皮继续下5、7提吃，接着……

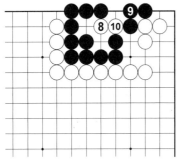

失败图续

失败图续（扛不住）

白8点，黑9只能接扩大眼位，白10再横长一手，黑被杀。

可以假设先有黑9，那黑之眼形，你说它是曲五也好，丁五也罢，总之扛不住被白一把飞刀（白8、10连下两手的俗称）。

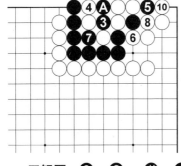

正解图　❾ = ❸　⓫ = Ⓐ

正解图（吃得少吃得好）

痛定思痛下，黑反思刚才是吃得太多吃撑了，于是黑3扑，先在左边定型，再回到右边5位弃子。

黑9、11各提一子和两子，吃得少吃得好，符合现代人的生活理念。

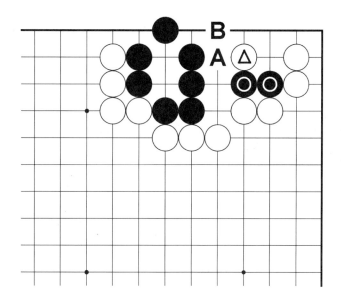

问题图（相亲相杀）

　　黑再做一眼，看似轻而易举，但请不要忽略白的抵抗。例如黑在A位漫不经心的一顶，会遭到白于B位扳的劫杀强袭。

　　紧紧纠缠的黑●子和白△子，将演绎一番相亲相杀的动人故事。

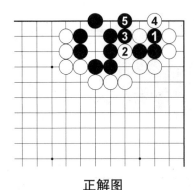

正解图

正解图（欣然笑纳）

黑1冲，典型的弃子求活手段，考虑到大家相处多年，白也就不给黑出难题，于2位断吃欣然笑纳。

以下黑3断打、白4提、黑5做眼，只是履行程序而已。

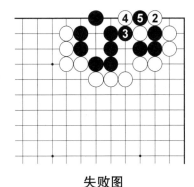

失败图

失败图（套路深）

白2下打，不给面子，意图阴黑棋一把。

厚道的黑还真上当了，以为于3位顶打可以还原，看到白4扳成劫，不禁感慨道，套路太深了。

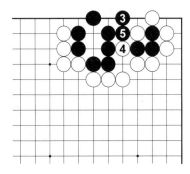

变化图

变化图（还原）

对白一路打，黑3回应于一路尖，在相亲相杀中继续前行。

白4只能满足提子，黑5做眼，还原成正解图。

白4若于5位挤强杀，强行的结果是黑占到4位，成接不归。

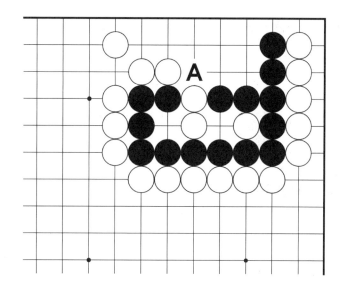

问题图（模式）

　　实战模式中，哪怕是有相当水平的业余棋友们，下A位断的也不在少数，一举定江山的感觉太好。

　　做题模式下，机智的读者对A位断，就会有本能的抗拒，这是陷阱！

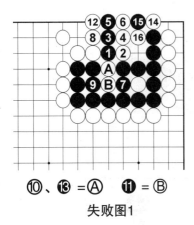

⑩、⑬ = Ⓐ   ⑪ = Ⓑ

失败图1

失败图1（友情演唱）

黑1如真下断，不厚道的白方棋友，可能会哼一句歌词——我已经看见一出悲剧正上演。

白2反断必然，以下手数虽长，却几乎是单行道。当自信满满的黑15扑遭致白16提，啊，不入子！

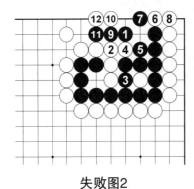

失败图2

失败图2（棋形不错）

黑1跳先应付一下，待白2接，黑3提子做眼，得到的评价是棋形不错，这话说得……

白4以下也就是常规手段，难度绝对要低于上图。

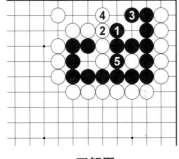

正解图

正解图（九曲十八涧）

黑1曲、黑3曲，以委曲而求全。白强忍住对黑愚形的谴责之词，实因自己也得下4位愚形曲。黑5提子而活。

话说题中只有三曲，何来九曲。中华传统文化中，九之类数字，只是虚指，言其多尔，请勿纠结。

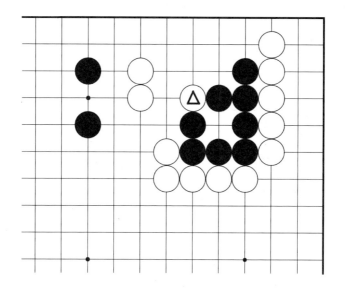

问题图（选择综合症）

　　并非在卡假眼，白△子这样单独紧挨着黑棋，有点古怪。

　　如此反让黑有了选择综合症，该从哪个方向来打吃白子呢？一旦选择错了就无法回头，黑纠结中。

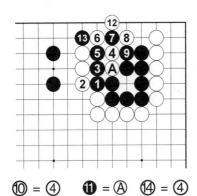

⑩ = ④　　⑪ = Ⓐ　　⑭ = ④

失败图1

失败图1（两条消息）

黑1、3冲打，以下进入单行道，双方犯错比下对还难，至白14提，就此开始劫争，黑收悉两条消息。

一条是坏消息，打劫不是正解；另外一条是好消息，这样打劫要比下图好，请看——

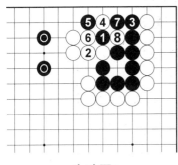

失败图2

失败图2（棋形不错）

黑1这样打躲过了坏评，但下一手黑3挡就躲不过了，至白8提还是打劫，黑收悉两条消息。

一条是坏消息，打劫不是正解；另外一条还是坏消息，劫胜后还没和左边黑●两子联络，所以不如上图。

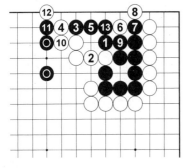

正解图

正解图（祝福）

黑3托在白硬头上巧妙，白4外扳已不是想杀棋，只是想顺势撞伤黑●子而已。以下双方必然，黑11夹先手便宜后，再于13位打做活。

此时黑收悉好多好多条信息，都是亲朋好友的祝福。

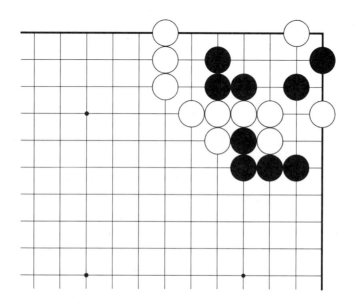

问题图（排局）

黑白双方的棋形都不自然，象棋围棋都有这种题目，叫做排局。
顾名思义就是人工排列而成，而不是实战之形。
但这丝毫不妨碍我们从中领略手筋之美，并充实自己的武器库。

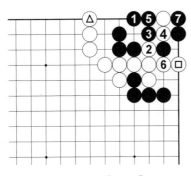

失败图1 ⑧ = ④

失败图1（初一十五）

怀着对白△子硬腿的敬畏之心，黑退而于1位小尖，深合棋理。

但躲得了初一，躲不了十五，白2、4从右边冲断，白□子开始逞威，黑最后被扑杀。

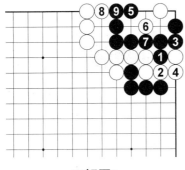

正解图1

正解图1（心知肚明）

黑1、3冲打，先把自己折腾成愚形，再于5位小尖。这种怪异的招法一旦下出，即使后知后觉的读者，也已恍然大悟。

心知肚明的还有白6尖，以先手双活而结束攻势。

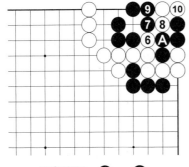

正解图2 ⑪ = Ⓐ

正解图2（聊胜于无）

白6冲断作为死活题正解无可厚非，但在实战中未必好。给黑表演倒脱靴机会倒不丢脸，只是因为利益。

最后黑虚空3目，提子负1目（吃三子，扣除被吃四子），合计2目。聊胜于无，总强于上图0目吧。

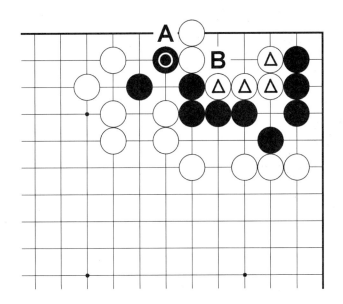

问题图（力不从心）

　　因黑●子尚有断点，想全杀白棋边上六子恐力不从心，例如黑下A挡则白于B位接，活棋分断见合，黑棋反遭毒手。

　　黑现实的想法是留下白△四子，因刚才的友情提示，黑1已经确定。

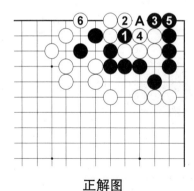

正解图

正解图（一手过）

想要吃棋，先要分断，入门班的口诀也适合于本型。

黑1断至黑5接定型，盯着A位挤吃尾巴。白6一路小尖是有策略的一手，期待一手过，如此尾巴可救，黑可杀也。

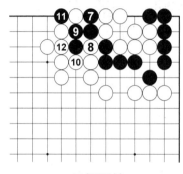

正解图续

正解图续（棋形不错）

黑7断弃子，绝不能让白棋一手过。白8断打，黑9接、11提也是一个意思，绝无整体对杀之意。

白12提子后，请看下图——

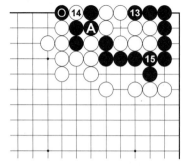

正解图续

正解图续（梦寐以求）

黑13挤入，终于争到梦寐以求的此点。

白14提吃黑四子，黑15打，因有A位断点和黑●子牵制，白已经被吃接不归。

第 40 题

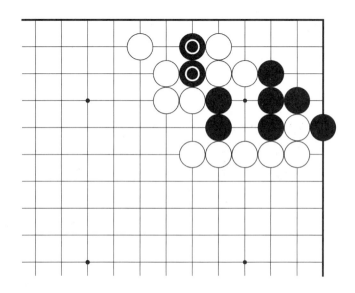

问题图（和谐社会）

黑角狭小，如果不是有黑●两个子尚可利用，活棋绝无希望。

请充分发动白的积极性，团结友爱是和谐社会的标志哦。

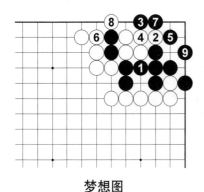

梦想图

梦想图（凑臭）

黑1傻紧气，只是想打劫活，不曾想得到白2的热烈响应。因此手凑黑5虎到二·二位要点，自然是臭棋。至黑9，竟在这弹丸之地得以净活。

白2正应是在4位傻团，连打劫机会都不给，傻对傻，正好杀。

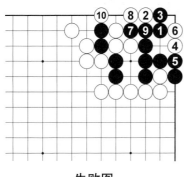

失败图

失败图（膨胀）

深受鼓舞下，黑开始膨胀，认为黑1单占二·二要点足矣。

白2飞、4点次序正确，待黑回头想吃白2之子，被白做一招打二还一而化解。

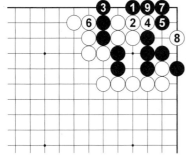

正解图

正解图（诱导）

黑1飞、黑3立巧妙，诱导白4拐，黑5顺势走到二·二位要点。白6收气时，黑7再占一·二位要点。白8点已失去理智，黑9粘大获全胜。

不过黑1单飞在7位，也可以净活，双解是本题遗憾之处。

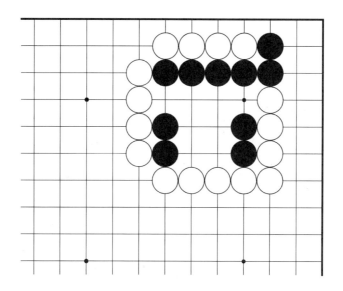

问题图（表演欲望）

黑中间虽四处漏风，却藏着一只后手眼。

如此，黑在角端做先手眼的愿望越来越强烈，不唯活棋，实因这种表演高级手筋的机会不可多得。

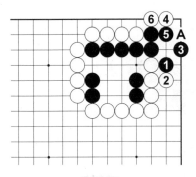

失败图

失败图（小猪嘴）

黑1先扳可下，但黑3虎不好，请不要甩锅给随手，这就是基本功的问题。请看与之对应的白4点入，反映了其对小猪嘴棋形的熟练程度。

白6渡回后，因有A位扑，黑角端眼位有被打劫的隐患。

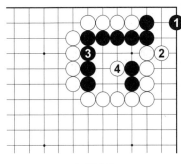

正解图

正解图（思路清晰）

黑1跳好棋，见合的思路非常清楚，因下一手要在二路扳净活，故白2曲立是必须的。

左右同形，黑3随便选择一边接，白4夹，敢问眼在何处？

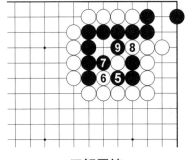

正解图续

正解图续（经典）

黑5冲，根本不怕白6冲打，民不畏死，奈何以死惧之？

黑7反打，白8提三子，黑9恰好做出一眼。经典手筋，赏心悦目！

失败图中黑3可于A位跳，也可以净活。

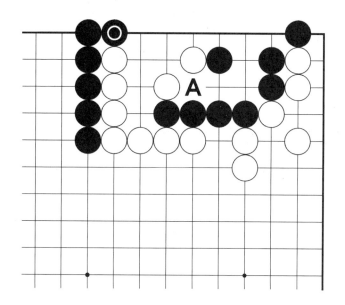

问题图（完美结合）

黑角实在太小，仅靠A位挤的先手，仅靠黑●子的呼应，还不够。
两者如能完美结合，则活棋有望也！

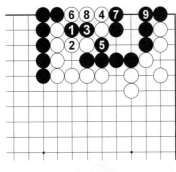

正解图

正解图（取其简明）

黑1简单扳，加上黑3不简单的挤，吹响了弃子的号角。选择白4立作为正解图，只是取其简明而已，同时因白如抵抗到底，目数反而损。

黑得到5、7两处先手，自是活棋。

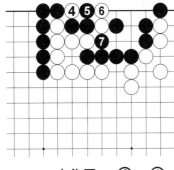

变化图　⑧＝④

变化图（不甘寂寞）

白4扑不甘寂寞，再掀高潮。黑5提子，不是为了吃子，而是为了多弃一子。

白6顺势而下，黑7挤打，白8提三子，接着——

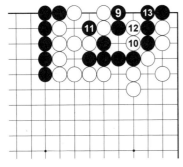

变化图续

变化图续（落寞而归）

黑9挡不慌不忙，白10执意点杀，自己空里反被黑11断吃接不归。更气人的是，对白12的打吃，黑13接可以成立，白棋两边不入子。

白一无所获，落寞而归。

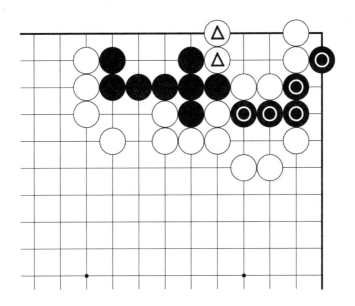

问题图（震撼）

黑先活棋的问题，如果企图对杀，那是想多了。

最后的结局图形颇有震撼感，黑●数子都被提光，换来吃掉白△两子小尾巴，回归活棋的主题。

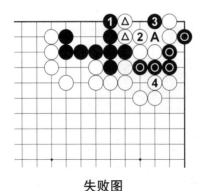

失败图

失败图（断送）

一说吃白△子，黑1紧气急不可耐，莫非期待白接在A位？

白2接左边理所当然，黑3点入，白4紧气以有眼杀无眼。

对杀失利并不意外，但断送了黑边上的生机，罪过就大了。

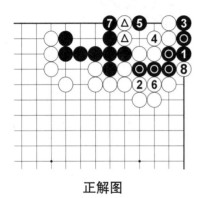

正解图

正解图（迂回）

黑1接看似不着边际，但如能品味出这种迂回的思路，对黑3撞气自杀就更能理解其悲壮。

白4躲闪，黑5紧盯，白6、黑7各自收气，白8提子……

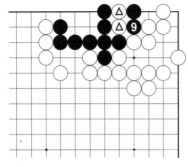

正解图续

正解图续（怀念英雄）

之所以一手一图，只因视觉的冲击感更能引发人的共鸣。

当黑9终于提子而活棋时，必将深深怀念那些已经在棋盘上逝去的英雄们！

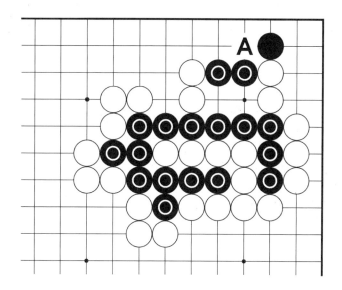

问题图（头重脚轻）

原题中黑●子只是寥寥几个，请允许笔者如此修改，以强化头重脚轻之主题。

A位断点会成为黑求活的障碍，分清主次方能成功。

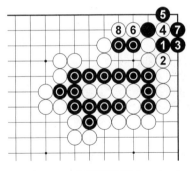

失败图1

失败图1（文过饰非）

黑1扳只此一手，但黑3立最大限度扩大眼位，不适合本题局面。白4、6断右边吃左边，黑损失惨重。

若以金蝉脱壳、壁虎断尾来文过饰非，你有没有见过我不知道，反正我没见过这么重的壳、这么长的尾。

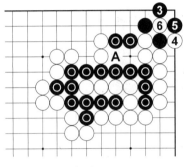

失败图2

失败图2（太重）

黑3虎以劫相抗，且不说这个劫黑实在太重，单说白A冲的劫材就令黑难以取舍。

只能说，此招是穷途末路，不得已而为之。

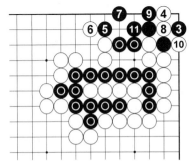

正解图

正解图（正宗）

黑3倒虎出人意料，何以抵挡白4之点？

黑根本没想抵抗，只见黑5、7转于左边扳虎，原来黑3才是正宗的金蝉脱壳、壁虎断尾，弃子争得9位先手挡打，再于11位做活大部队。

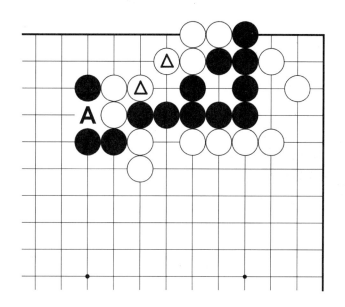

问题图（破案线索）

右边黑只有一眼，而左边防线，黑单薄的小身板难道能抵抗白A位之冲？

唯一的好消息是看到了白△小尖，对棋形敏感的读者应该已经看到了破案线索。

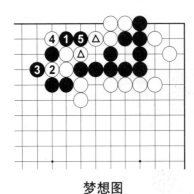

梦想图

梦想图（真是这样吗）

黑1扳即刻追究白形之弱点，因缩在里面简单被杀，白似乎只有2、4冲断之一策。如此黑5挤打，简单成功。

真是这样吗？

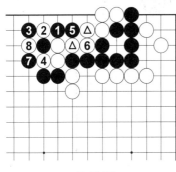

失败图

失败图（崩溃）

保留冲的白2单断妙，黑顿陷困局。

如黑下3位打，则白4冲打，对黑5挤，白6不依不饶，黑7硬挡并不成立，被白8提后，黑无以为继。

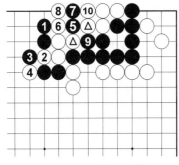

正解图　⓫ = ❺

正解图（念兹在兹）

黑1立看似松缓，而且难以抵抗白2、4冲断之反击。其实黑棋在憋着大招，那就是念兹在兹的黑5挤。

以下黑7、9、11立挤扑，招招不离后脑勺，白棋棋筋被擒。

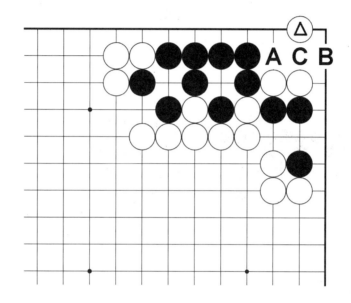

问题图（后悔）

白△子跳，本意是防止黑借收气吃活出边上。白若A位挡，则黑有B位点。

但在黑冲击下，白△子必将后悔，走C位不香吗？愚形不是问题，杀棋才是王道。

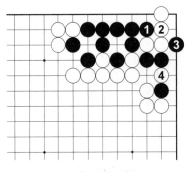

失败图

失败图（大忌讳）

黑1冲的错误，相信本书读者都不会犯，对杀简单失败。

之所以列出本图，只是强调一个理念，如此行棋让白棋合二为一，富有技巧的对杀成为简单的傻数气，再无变数。这是对杀中的大忌讳。

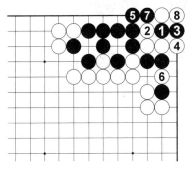

正解图

正解图（常识）

黑1挖凌厉，不挖不成棋，唯有如此才能撕开白的防线，这应该作为有段者的常识。

黑3多送一子也是常识，里面折腾后，黑5再转向外围，至白8提——

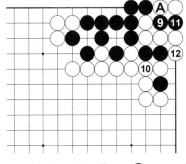

正解图续 ⑬ = Ⓐ

正解图续（折腾）

黑9扑再次进入白内部折腾，白10只能回头收气吃，黑11、白12各自提子，黑13粘做成真眼。

黑招招追杀，所以白也不必遗憾，没有机会下13位扑。

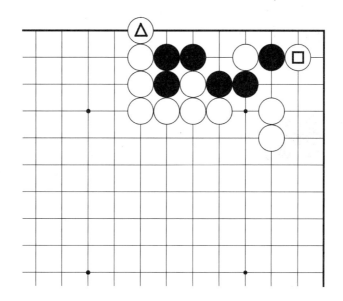

问题图（反攻）

黑要活棋，对白△子硬腿绝不能视而不见。

同时，黑还要憋着对白□子发起反攻，白的杀法才不会肆无忌惮。

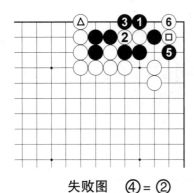

失败图　④＝②

失败图（常理）

　　黑1一路抱打和二路打相比，因不给对方多送一子的机会，按常理是非常安全的做眼下法。

　　但借助白△子硬腿，白2、4连扑攻势如潮。而黑对白□子的反攻，也被白6立化解。黑两边两个后手眼而亡。

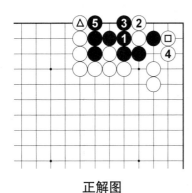

正解图

正解图（默默）

　　现在黑1二路打是正解，对白2立多送一子，黑3默默地挡打，白4默默地退回，黑5默默地做眼。

　　黑低调可以理解，白4貌似过于低调吧？

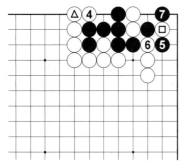

变化图

变化图（反攻）

　　白曲解了黑的低调，于4位破眼攻杀。

　　黑等的就是这招，欣然下5位扳，反攻白□子。白6断打无效，黑7秀个小手筋，以倒扑结束战斗。

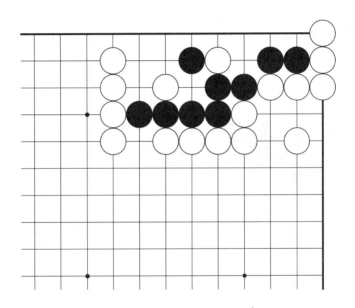

问题图（升级版）

请观察棋形，不对棋子做标识提示，只用一句话来概括本题——上一题的升级版。

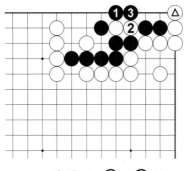

失败图 ④ = ②

失败图（复习）

列出本图只为了复习，在脑中一闪而过作为失败图。

如果真还有人下黑1一路抱打，请看看角端的白△子，轻敌乃为将者之大患也！

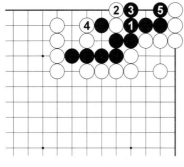

正解图

正解图（明智）

同样，黑1二路打为正解。对白2立多送一子不必介怀，黑3跟着应就是。

白4放弃杀棋是明智的选择，黑5做眼而活。

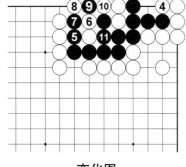

变化图

变化图（自以为是）

认为能抵抗黑5的冲击，白4破眼终会沦为自以为是。

在白8以为渡的一瞬间，黑9扑，硬生生留下了白子，也就做活了自己。

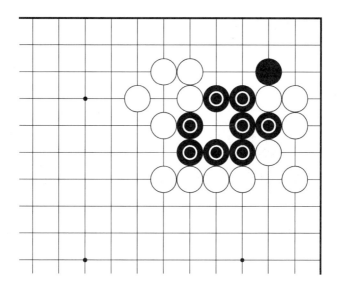

问题图（不能掉）

黑已经有一眼，感觉活棋轻而易举。

轻易不打击积极性，只是温馨提示，黑●子如果掉了，就算活了也算
失败。

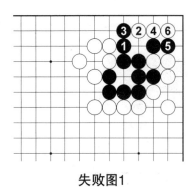

失败图1

失败图1（脆弱）

先从左边开始，黑1愚形挡在边上，计算并不复杂。

白2点强攻，黑的防线意外脆弱。

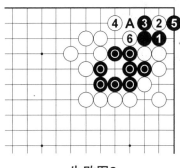

失败图2

失败图2（昂贵的学费）

再来到右边，黑1挡角是正常的思维，白A位飞攻并没有什么可以惧怕的。但白2、4以精妙的次序教了黑一招，虽然学费昂贵。

黑5无奈，被白6断下黑●数子，黑已无心情再活小角。

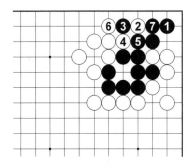

正解图

正解图（柔软）

柔软的黑1小尖，可以确保活出全部。

对白2飞，黑3跨对本书读者而言，只是基本手筋而已，恕不赘述。

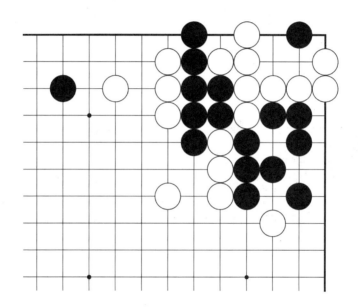

问题图（突围）

　　角上白已被点杀，但气有9口之长。而边上黑如果不能突围，都不好意思说对杀这两个字。

　　一场激烈的突围和反突围战斗，即将展开！

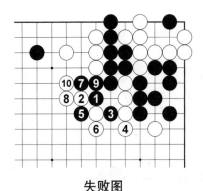

失败图

失败图（厌恶）

类似棋形，请对黑1尖有厌恶之心，即使能出头，也是坑坑洼洼，何况还不一定能出去。

白2扳当然，对黑3挖，白4不上当。黑7好不容易出了小门，但至白10，大门被轰然关上，黑全灭。

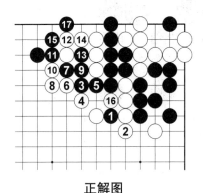

正解图

正解图（超炫）

保留上图之尖，黑1单挖超炫，白2退最强，黑3跳轻快，以下白竭力封锁，但至黑11断，白边被卷入。

这个对杀黑可不怕，黑17扳到后，白绝望。

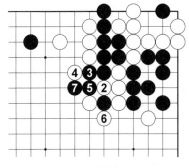

变化图

变化图（顺势）

白2打感觉抵抗不力，明显被黑借劲出头。

黑3顺势拐出，至黑7出头，黑棋生机盎然，岂是可缚之龙！

杀之部

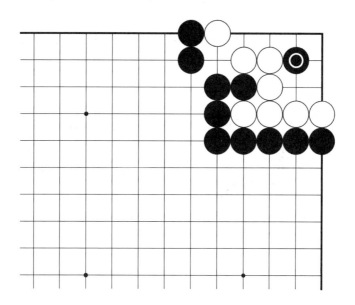

问题图（A计划、B计划）

黑●子已经点入，黑先务必要净杀白角。

杀棋主要有两大计划，A计划缩小眼位，B计划是占要点，一般的原则是先考虑缩小眼位，再考虑占要点。

当然，有时还需要两种方法交叉使用。

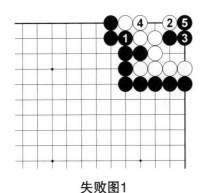

失败图1

失败图1（万年劫）

黑1外打是A计划缩小眼位，杀不掉也不损目。白2扳、黑3立分占两个一·二位，至黑5打，形成万年劫。

要形成紧气劫，黑还得连下两手，并断送双活的可能，因机会成本高，此劫会被暂时搁置，故名万年劫。别在意万年，和万岁道理一样。

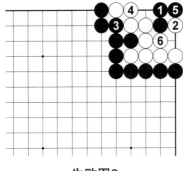

失败图2

失败图2（功败垂成）

对万年劫不满意，黑1占一·二位要点，是B计划占要点。待白2也占一·二位，黑3回头再缩小眼位，白4粘，黑5打，白6反打，成紧气劫。

如此对黑而言，已大大优于上图，但黑5其实是功败垂成。

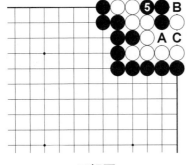

正解图

正解图（颜面无存）

黑5下在此处是盲点，令白哭笑不得。白棋在A位、B位均不入子，不敢动。那C位接双活可以满意吧？

但这是让自己颜面无存的一招，根本不是双活好不好？那是被聚杀，后手死！

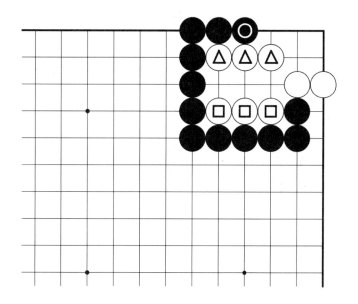

问题图（面面相觑）

　　二路白△三子和四路白□三子面面相觑，明显有一只眼，再加上角端一只眼，怎么看都已经是两眼活棋。

　　黑棋的唯一依仗是黑●子硬腿，请冲击白棋气紧，来完成这个看似不可能完成的任务。

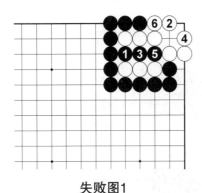

失败图1

失败图1（聊以自慰）

黑1冲，手法简单，思路更简单——这是期待白棋挡，如此黑再跳入杀白。白2退守要点，好思路，3位和4位两点见合。

黑只好满足于5位先手提三子，聊以自慰。

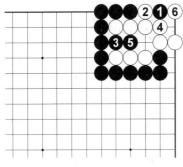

失败图2

失败图2（有所进步）

黑1先点，思路有所进步，抢先占据对方的要点。待白2分断，黑3再冲。不料白4愚形团打，又制造出5位和6位两个见合点。

如此黑还不如上图，就连提白棋三子都成为后手。

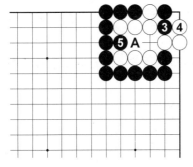

正解图

正解图（无路可走）

黑3挤，思路更加完善。黑抢到失败图2中的白4，走自己的路，让别人无路可走！

白4打，黑5冲杀，白棋A位不入子，无法做出第二只眼。白4若占5位，则直接被吃倒扑，也不行。

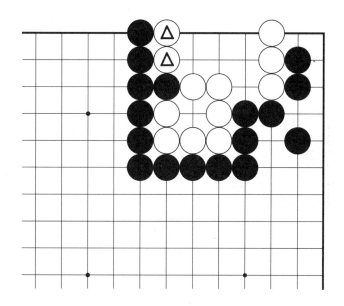

问题图（诱惑）

　　白△两子断点太刺眼，如果被白△两子所诱惑，不免落入只见树木不见森林的俗套。

　　志当存高远，我们的目标可不单单是这两个子，而是要盯着整块白棋。

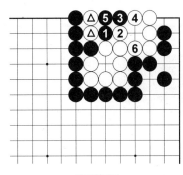

失败图1

失败图1（来不及）

黑1断打失策，白2当然反打。黑3扳秀个倒扑的手筋，于大局无补，白4打、6挡，简单成活。

黑棋心中有个遗憾，黑5来不及在6位冲。

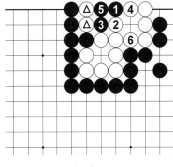

失败图2

失败图2（换汤不换药）

黑1点方，对白△两子能断而不断，境界有所提高。但白2顶好棋，至白6挡成活。和上图相比，只不过黑1、3互换位置，换汤不换药。

过程中，黑还是没机会下6位冲。

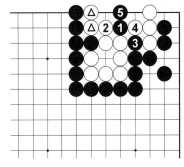

正解图

正解图（顾此失彼）

黑1二路靠严厉。白2接无奈，黑3冲再接再厉，并以黑5做金鸡独立作为终极杀招。

和前面两图相比，黑1不仅瞄准了白△两子这个目标，还有冲断制造气紧的第二个目标，白顾此失彼。

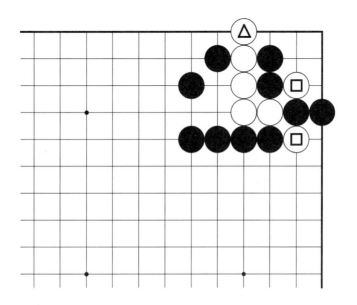

问题图（扑朔迷离）

除了外围黑子有吃瓜观众的闲情逸致，里面的黑白子互相纠缠中，扑朔迷离的局面呼唤妙手。

右侧两个白□子，虽然要被一气打死，却有同仇敌忾之志，不可小视；至于左侧的白△子一路硬腿，更加值得黑警惕。

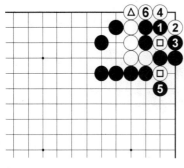

失败图1

失败图1（历历在目）

黑1打看似理所当然，但被白2、4两扳以劫相抗，巧妙地利用了角的特殊性和白△子硬腿。

黑5即使退让也无济于事，被白6紧紧缠住，打劫不可避免，白□两个死子的作用历历在目。

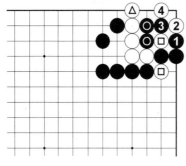

失败图2

失败图2（还原）

黑1换个方向打吃，我不来吃你，反而送你两个黑●子吃，那还不好吗？当然不好，白真去吃黑●两子，还是死棋。

白2、4组合手段，还原成上图局面，还是打劫。

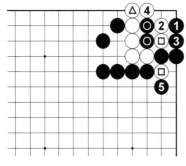

正解图

正解图（不给纠缠）

黑1一路跳干脆利落，不去紧气碰到白子，也就不给白纠缠的机会。

白2、4含着眼泪提吃黑●两子，因为它知道，黑5不可能忘记补棋，黑大获全胜。

第 5 题

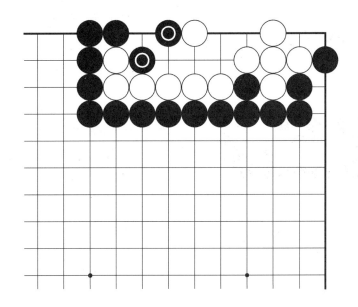

问题图（绊马索）

白生存空间狭窄，杀棋貌似不成问题。

但你有没有注意到，黑●两子是软头，行动颇为不便，在黑策马冲锋的必经之路中，白已经准备好了绊马索，轻呼一声，只管上来吧。

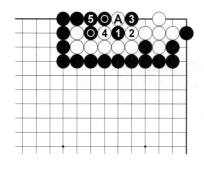

失败图1　⑥ = Ⓐ

失败图1（打轻劫）

黑不信，想都不想就于1位打吃，骑兵部队发起冲锋。

白2、4接打使出绊马索，黑猝不及防之下，还保存着一丝理智，黑5接外面使打劫负担变轻，白6提成劫，看到黑上当，白棋哈哈大笑。

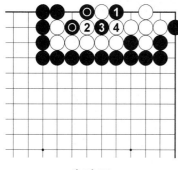

失败图2

失败图2（变与不变）

黑这次学乖了，派出黑1特种小分队，深入敌阵来破眼。

白2、4两边两个打吃次序正确，还是成劫。

和上图相比，黑1、3互换位置，白2、4互换位置，而结果不变。

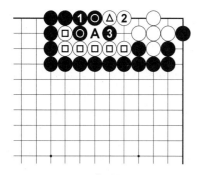

正解图

正解图（都是软头）

黑痛定思痛，黑1粘，先解决黑●子的软头问题。

白△子和白□子也是软头，无法下A位扩大眼位，白2只好做个小眼。

没了后顾之忧，黑3策马扬鞭，一举踏破敌阵。

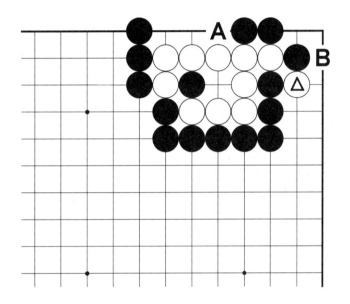

问题图（出考题）

白△子断，意欲使A位挡成为先手，从而在边上做出第二只眼。

下手下断是实力不够，发现不了精妙的手段；上手下断是最后一搏，因B位夹虽能成劫，但苦于劫材不够，索性出个考题——你会，我就认输；你不会，只能怪你学艺不精。

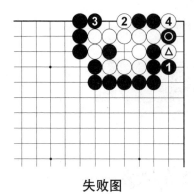

失败图

失败图（带响）

黑1笑纳一子正中白计。

白2要求做眼，黑3冲反对无效，白4提黑两子同时打吃黑●子，俗称"带响"。现在黑棋根本没功夫扑破眼，如此白棋自然成活。

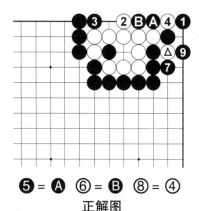

❺ = ⓐ ❻ = ⓑ ⑧ = ④

正解图

正解图（天涯海角）

黑1尖在一·一位，棋盘上的天涯海角，对方还没扑，自己主动制造被吃接不归？

白2打吃，黑3冲，以下进入眼花缭乱的提子，至黑9提，劫争定死活？别急，请看下图——

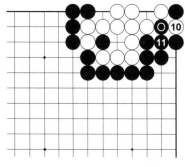

正解图续

正解图续（若无其事）

白10提，看到了打劫活的希望，心情很激动；黑11粘上若无其事，非常淡定。

现在看清楚了吧，黑●子的位置太关键了，一子挤出两个假眼。

白终于绝望。

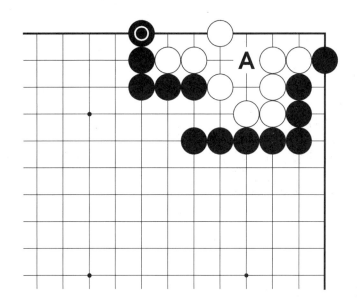

问题图（里应外合）

　　杀棋找要点有个小技巧，如果被对方占到某个点，自己即使连下两手，也无法杀棋，那这个点就是货真价实的要点。

　　按照这个理论，黑1被固定，只能点在A位。请和黑●子硬腿里应外合，完成杀棋大计。

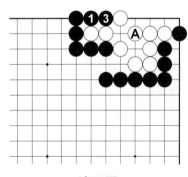

演示图

演示图（隔靴搔痒）

看图说话——

假设白棋已经占据A位，那么黑1、3是最强的连续两手，但对白棋的死活毫无影响，犹如隔靴搔痒。

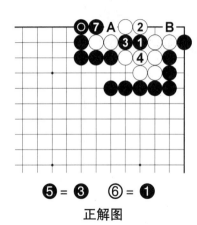

⑤ = ❸　⑥ = ❶

正解图

正解图（见合破见合）

黑1点必然，白2挡，看似左右两个一路眼位见合。

黑3、5连扑犹如惊涛拍岸，白棋无法抵挡。

白6若提，黑7简单冲，A、B两点破眼见合。

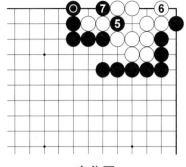

变化图

变化图（简单）

黑5扑时，白6在右边做眼，想忽悠黑一下。但黑7扑太简单，对本书读者而言，出错要比下对难得多，白左边还是没眼。

请注意，黑●子始终为杀棋提供强有力的支援。

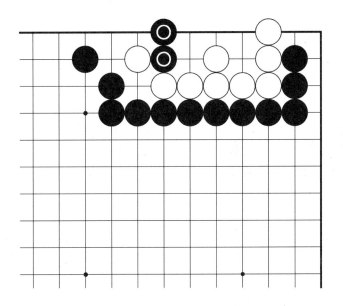

问题图（回家）

　　黑●两子回家不是问题，问题是如何不给白更多的利用，防止白借弃子而活棋。

　　请充分考虑白的立场，唯有如此，才能下出正确的下法。

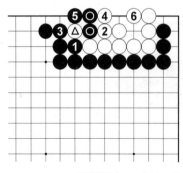

失败图1

失败图1（侮辱）

黑1断，救回黑●子，还不忘顺手牵羊，吃下白△子。

如此白2、4均先手，惊险成活。

黑1断简直是对顺手牵羊成语的最大侮辱，如能杀掉整块白棋，还需要惦记白△子这块小羊排？

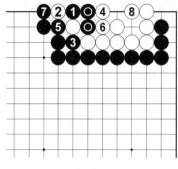

失败图2

失败图2（两手过）

黑1拐思路正确，希望下一手直接回家。

不过，白2多弃一子是好棋，逼迫黑5、7花了两手棋提子；与此对应，白棋还是在里面得到两处先手，还是做活。

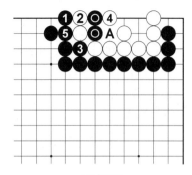

正解图

正解图（一手过）

黑1小尖是要点，要求一手渡过。白2弃子没用，看似黑花了3、5两手提子，但因黑3是陪着白2下，真正就花了黑5一手棋。

如此，白只能下到4位或A位一处先手，活棋就成了镜中花水中月。

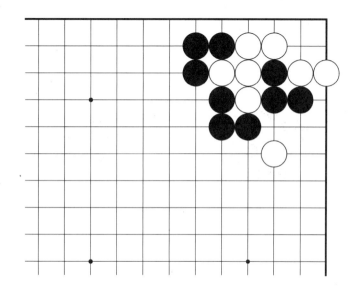

问题图（有空吗）

白角没活很明显。

黑有断点更明显。

断点将连未连之际，黑棋是否有空杀死白角呢？

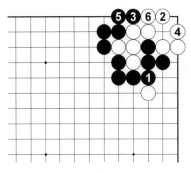

失败图1

失败图1（自有伏笔）

看不出有何手段，黑1连接，先确保自身安全，心情完全可以理解。白2是三眼两做的基本手筋，黑3、5扳接舒服一下，白4、6补活。

黑棋把变化走尽，至少是损了劫材，但本图如此演示，自有伏笔。

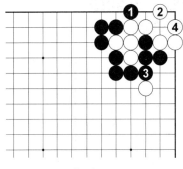

失败图2

失败图2（越来越近）

说到伏笔，机智的读者想到了黑1先扳，白2虎正应。

黑想想还是不对，下3位接，白4补活。

别灰心，温馨提示——您离终点越来越近了。

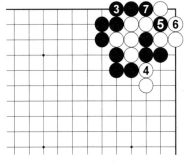

正解图

正解图（一大步）

黑3粘，冷着！

白4不断无棋可下，黑5扑自然是早就算好的。

本题就是考察计算的耐心，就计算量而言，其实并不大。实战中，多算一步，就是领先一大步。

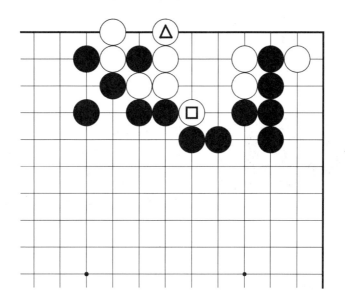

问题图（若隐若现）

白左边有一只铁眼，右边之眼悬而未决。

黑在破眼过程中，既要提防白△子硬腿，又要对若隐若现的白□子有
所警惕。

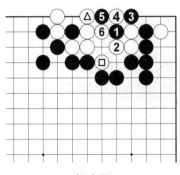

失败图1

失败图1（硬腿）

黑1二路夹入是破眼的常用手段，但此时不适合。

白2上压，黑3渡时，白4扑，强迫黑5提撞上白△子硬腿，黑本轮攻势宣告失败。

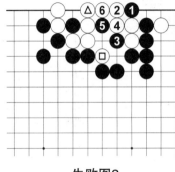

失败图2

失败图2（鬼魅）

黑1从一路扳是此时正确的破眼方法，白2不得不挡。

黑3、5攻势如潮，却操之过急，因白□子鬼魅般地出现，而被吃接不归。

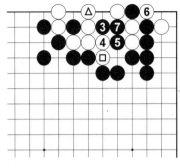

正解图

正解图（一溜烟）

黑3靠猛击在白腹部，令白猝不及防。

白4粘，黑5、7一溜烟逸出，白拍马也赶不上，只能接受被杀的结局。

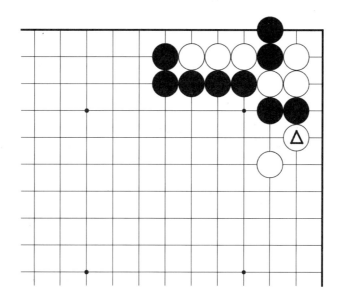

问题图（灭顶之灾）

　　白△子二路夹，企图在活棋之前获取先手便宜。

　　黑岂肯立一路而屈服，锐利的反击手段一出，白的贪图便宜，会给自己带来灭顶之灾。

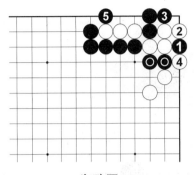

失败图

失败图（小富即安）

黑1扳不够严厉，被白2、4打提渡回一半，并留有断吃黑●两子的手段。

黑自得于以金鸡独立吃白三子，小富即安，显得进取心不够。

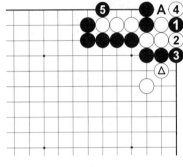

正解图

正解图（进退维谷）

黑1夹巧妙，顿使白进退维谷。白2如打断，则黑3顺势而下，黑5扳同样杀白棋金鸡独立，收获远胜于上图。

白2如下3位渡，黑下A位即可吃接不归。

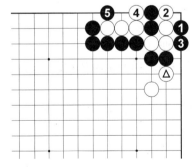

变化图

变化图（落幕 落寞）

白2打企图就地做活，黑3也打，可先手灭眼，转于黑5扳破眼，白棋同样被杀。

战斗落幕后，外围白△子的落寞一望可知。

第 12 题

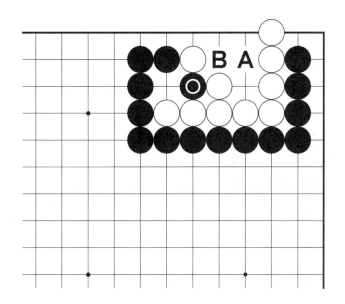

问题图（高明的对手）

黑如接上黑●子，白可于A位曲虎做劫，故黑第一步在B位断打，势在必然。

高明的对手更能显示自己的强大，把对手想得愚蠢就是侮辱自己，请展示双方最佳下法。

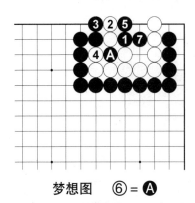

梦想图　⑥ = Ⓐ

梦想图（忠厚）

黑1断打，白2立下阻渡过于忠厚，如此正合黑意。

黑3、5先手滚打，再黑7一拱，白棋简单被杀。

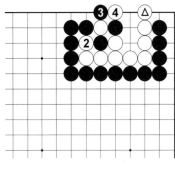

失败图

失败图（狡猾）

白2单提狡猾，给黑棋挖了个坑。

黑3渡轻率，白4扑入后，激活了白△子硬腿，成劫就是白棋大成功。

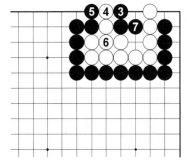

正解图

正解图（请君入瓮）

黑3立请君入瓮，逼着白4阻渡，黑5先手打后再下黑7，还原成梦想图的图形。

请读者细细体会，改变次序的思想方法。

第 13 题

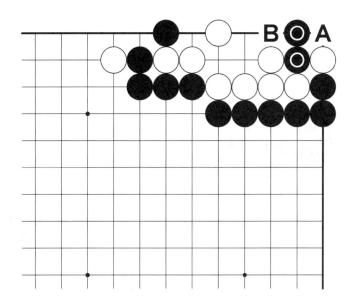

问题图（运动战）

黑●子马上要被吃倒扑，但若于A位提，则白B位打先手而活。

中规中矩的阵地战，已经不适应当前局面。请通过左右摇晃强制紧气的手段，以运动战击溃白棋。

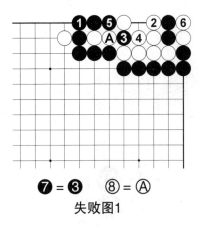

7 = 3   8 = A

失败图1

失败图1（牵制进攻）

黑1粘，以左侧的进攻牵制白棋，白2以吃倒扑回击。

黑3、5扑打的攻势不可谓不猛烈，可惜被白棋以打二还一化解。

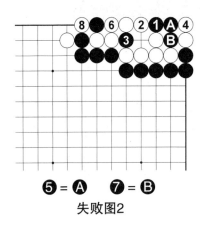

5 = A   7 = B

失败图2

失败图2（撤退）

黑棋改从右侧进攻，于1位多送一子，辅之以5位打先手灭眼的配套攻势。

不料白6接机敏，牺牲角端两子，掩护主力部队成功撤退。

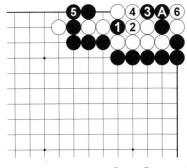

正解图   **7 = A**

正解图（中心开花）

总结上两图失败的经验教训后，黑棋改于先在1位扑，实施中心开花的战术。

本图的次序，白再无变化的余地，至黑7打，白左右难以两全。

第 14 题

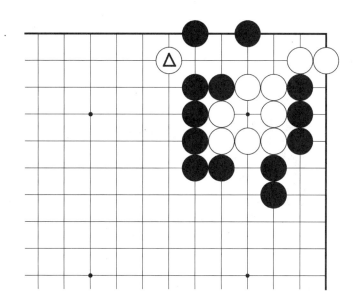

问题图（充满信心）

黑的任务是破掉白角端之眼位，但自己一路跳的棋形稍显单薄，更有外围白△子扯后腿。

幸好，白还有个二路断点可资利用，使黑对完成任务充满了信心。

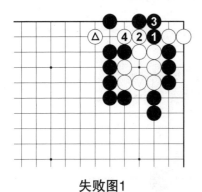

失败图1

失败图1（吃崩）

黑1断单刀直入，过于急躁。

白2先手打后，白4一拱，白△子发挥了作用，黑显然是吃崩了。

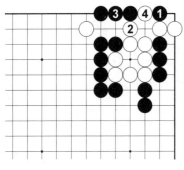

失败图2

失败图2（不美）

黑1托破眼稍好，但也嫌急。

白2愚形顶缓而有力，窥视黑两个断点。黑3接外面，以降低劫争负担，但被白4扑成劫，总是不美。

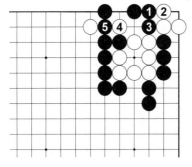

正解图

正解图（见合）

黑1于一路并，不急不躁，盯着白眼位和断点，两点见合。

白2做眼则黑3断，虽是愚形三角，但安全不成问题。

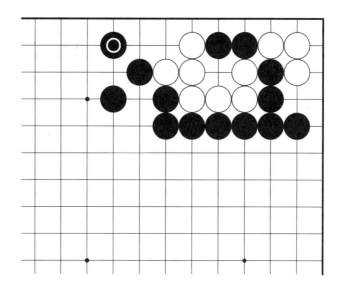

问题图（支持）

对杀局面，黑三气对白三气。

但白这三口气貌似都不好紧，如果没有黑●子默默的支持，黑差点就丧失取胜的信心。

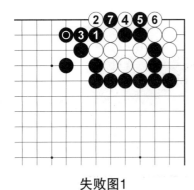

失败图1

失败图1（弹性）

以黑●子为后盾，黑1虎挤，先紧外气，是常规操作。

白2先手打，为自己增加了弹性，如此再于4位扳，已经确保不会被净杀。

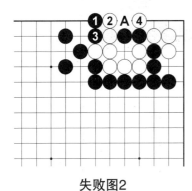

失败图2

失败图2（似是而非）

黑1飞点，似是而非。白2必挡，黑担心黑1之子被吃，又成劫争，故于3位再紧外气。

白4扳轻巧，因A位不入子，黑反而被净杀。

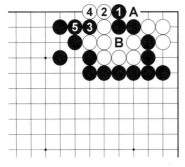

正解图

正解图（有仇必报）

痛感紧白子气的不方便，黑是有仇必报，于1位立制造A位不入子。待白2挡，黑3紧外气，再制造B位不入子。

现在白对黑在上两图中的心情感同身受，不入子太痛苦！

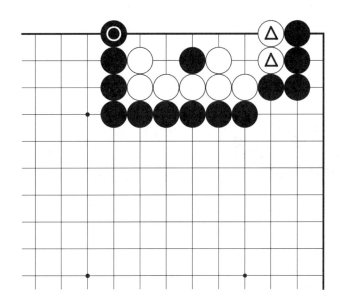

问题图（聚杀）

白眼位不小，但白△两子气紧，更在黑●子硬腿的威慑之下。

黑并不去羡慕白的大眼，没听说过聚杀吗？聚杀就是对付大眼的。

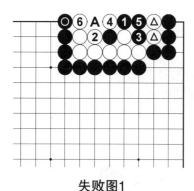

失败图1

失败图1（金蝉脱壳）

黑1扳不好，急于追究白△两子气紧的毛病。白看轻此两子，下2位从后掩杀，以金蝉脱壳之计安然成活。

黑3如于A位扳打劫，尚不失为亡羊补牢之策。

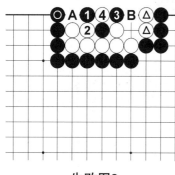

失败图2

失败图2（欺负）

黑1尖，欺负白不敢下A位撞到黑●子。待白2打，黑3再扳，欺负白B位不入子。如此劫杀，不可不谓精彩。

但你可以做得更好！

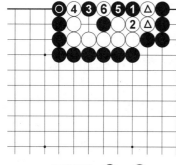

正解图 ❼＝❺

正解图（强迫）

黑1直接打，强迫白2接，如此粗暴定型令人意外。

黑3再尖，强迫白4断撞气；最后黑5送子，强迫白6提子。

黑7回提,结束战斗！

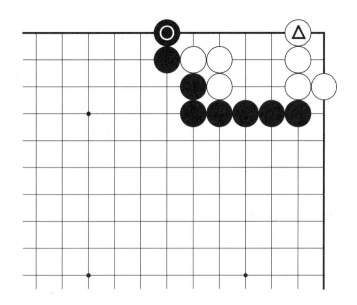

问题图（不遑多让）

　　白角上一眼牢不可破，问题简化为黑如何破白边上眼位的问题。

　　白△子硬腿自然是防守的盾牌，而黑●子硬腿作为攻击之利器也不遑多让。

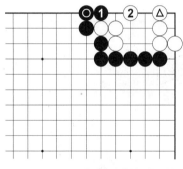

失败图1

失败图1（均未逞威）

黑1一路爬厚重，白自然不会上当，于2位尖，轻巧地避开。

本轮攻防，白△子和黑●子均未逞威，精彩程度大大下降。

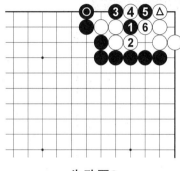

失败图2

失败图2（得分）

黑1靠入，待白2冲，黑3一路扳，欲借助黑●子渡过。白岂肯善罢甘休，于4位扑，凭借白△子将黑子留下。

本轮对阵，白△子得分无疑。

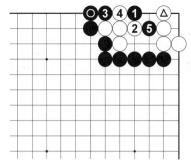

正解图

正解图（鲤鱼翻身）

以黑●子为坚强后盾，黑1大跳点入锐利。白2上压，黑3冲，强制白4撞气分断。而后，黑5来了一招鲤鱼翻身，送白假眼而杀之。

本轮交锋，黑●子得分实锤。

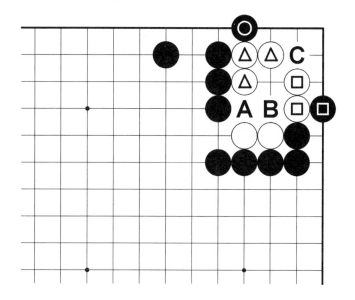

问题图（狙击）

肉眼只可见，白中间和角上各一眼；慧眼方可察，白整体有气紧之隐患。

黑A冲可撞紧白△子之气，黑B断可撞紧白□子之气，而C位在黑●子和黑■子两个一路扳的中心，则是黑狙击之点。

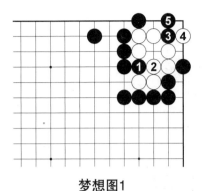

梦想图1

梦想图1（但）

黑1冲兑现先手，然后于3位挤出击，白4打吃方向错误，黑5立，阴谋得逞。

但白4于5位打吃呢？

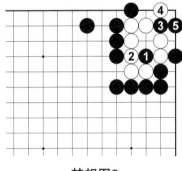

梦想图2

梦想图2（但）

黑1断兑现先手，然后于3位挤出击，白4打吃方向错误，黑5立，阴谋得逞。

但白4于5位打吃呢？

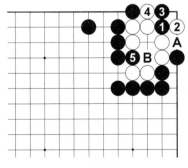

正解图

正解图（督促）

黑1单挤，督促白做出选择。

白2如右边打，黑3位立和白4位断交换后，黑5位冲杀白；白2若3位打，黑2位立和白A位断交换后，黑B位断杀白。

黑计谋成功。

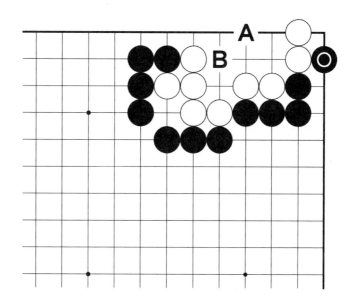

问题图（缘分）

因黑●子是软头，角端一·一位不入子，黑棋下A位点方顿失威力，白棋于B位做眼即可轻松化解。

黑棋唯一的进攻要点是B位二路夹，颇有缘分的是，白棋最佳防守要点恰好就是A位跳方。

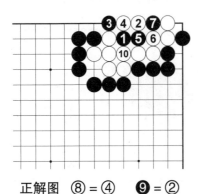

正解图 ⑧ = ④ ⑨ = ②

正解图（佯渡）

黑1夹、白2跳，这是出色的一对攻防组合。

接着，黑3佯渡，待白4断入，黑5发起反冲锋，白6接，之后经过几个回合后，至白10打吃……

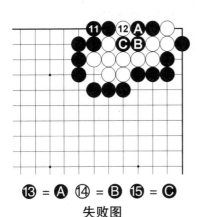

⑬ = Ⓐ ⑭ = Ⓑ ⑮ = Ⓒ

失败图

失败图（最后一步）

黑11接左边，倒在了最后一步。

白12提，黑虽然有13位打吃成劫的手段，但让白有打劫活的机会，黑已经失败。

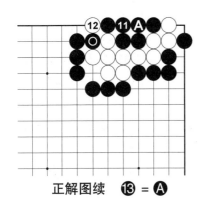

正解图续 ⑬ = Ⓐ

正解图续（断头刀六）

黑11连成六子而弃之，非大胸怀者不能为也！白12一把抓起六个黑子，却被黑13轻轻一点而杀之。

这六个子等于刀五加一，但因被黑●子卡住，不妨称之为断头刀六。

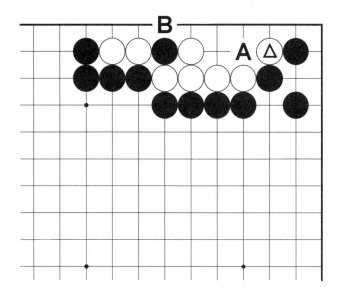

问题图（目标）

黑A断打明显胃口太小，白B提子则活出大部。

黑的目标当然不会是白△子小尾巴，整体进攻是应有的态度。

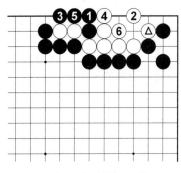

失败图

失败图（不能代替）

黑1立有所进步，但思路的正确不能代替手法的准确。

算好了4位打是先手，故白2虎弃去左边两子，至白6补活，黑失败。

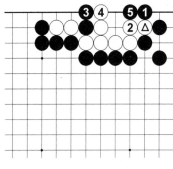

正解图

正解图（整体进攻）

能吃不吃，黑1下打即所谓整体进攻。待白2粘上，黑3再立是好次序。

白4打吃，黑5爬，白亡于气紧无法做眼。

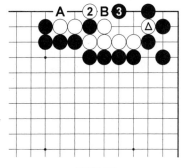

变化图

变化图（始终如一）

白2单提，企图蒙混过关。但黑整体进攻的思路始终如一，于3位点继续盯着白眼位不放。

因黑下一步A、B两点见合，白的努力还是无效。

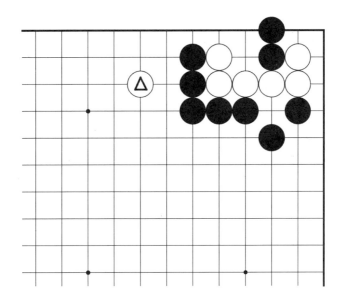

问题图（蒙娜丽莎的微笑）

　　明显是个聚杀类型的死活题，貌似很简单，黑随便来两下就行。

　　外围的白△子已经发出蒙娜丽莎的微笑，问她为何发笑，却笑而不答。

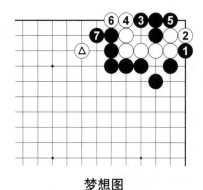

梦想图

梦想图（上山打老虎）

1、2、3、4、5，上山打老虎，黑喊着口号聚杀白角。

没看见白△子有何作用，难不成白6还要冲，那不是越损越多吗？

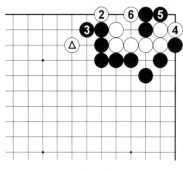

失败图

失败图（答疑）

白很无奈，下出2位先扳的次序，耐心地给黑答疑。

黑3退不给借劲算是好棋，但白4再挡时，黑已无法先手走到6位（即上图中的黑3位），只能接受双活的结局。

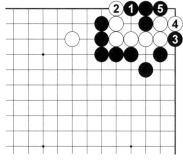

正解图

正解图（后知后觉）

黑1先占对方要点，待白2挡断，黑3再扳，这才是正确的次序。

后知后觉固然不如先知先觉，但只要善于学习，深刻体会敌之要点我要点，不也是很有收获吗？

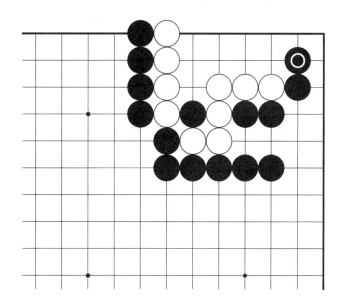

问题图（是可忍，孰不可忍）

被黑●子挺入，白边上眼位犹如一座不设防的城市，补一手是正常分寸。

但白居然敢脱先，黑发出了愤怒的吼叫，是可忍，孰不可忍？

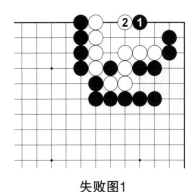

失败图1

失败图1（进取心不够）

黑1小飞，小心翼翼地向白阵渗透，隔着棋盘就能觉察到进取心不够。

被白2内搭，黑已经没有勇气继续前进。

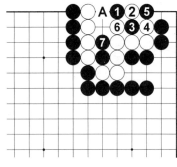

失败图2　⑧=②

失败图2（勇气可嘉）

黑1大飞勇气可嘉，白于2位外靠，再以4、6冲打竭力扩大眼位。

黑7冲后，因白A位不入子，双方展开劫争以定生死。

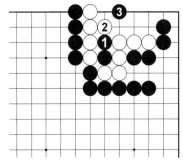

正解图

正解图（例行公事）

受到上图的启发，黑1冲送吃是干脆利落的攻击手段，白2提子后感到痛苦的反是白，因为它用了两个点才做一只眼。

提子后，白眼位轮廓变得很清楚，黑3大飞只不过是例行公事。

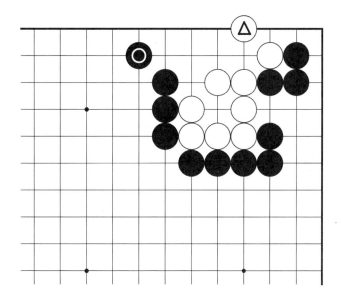

问题图（重启计划）

　　白△子一路倒虎，是边上做眼的常用手法，双方都默认此处白是活棋。

　　外围作战中，黑悄然多了●位一子，也正是在黑●子的强力倡议下，黑决定重启进攻计划。

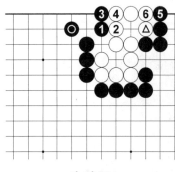

失败图1

失败图1（形同虚设）

黑1小尖、黑3、5两边立，痛快淋漓地将白棋搜刮成两目，而白则落了个安心。

皆大欢喜之下，黑●子发出了愤怒的嘶吼——那还要我干嘛，形同虚设啊！

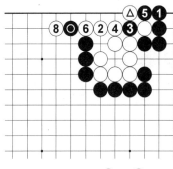

失败图2　●7＝●3

失败图2（太累）

黑1一路立是对付白△子的冷着，就是欺负白不能下5位团。白2转向另一边二路尖扩大眼位。

黑3、5扑了打，是一路立后的连贯成劫手段，但白8夹的劫材恰到好处，这个劫黑太累。

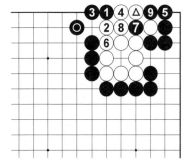

正解图

正解图（梅花三弄）

回到左边，黑1改于一路飞，优于二路在于其来去自如。白2尖顶，黑3退还是一路。白4顶，黑5回到右边的立，第三个一路。

在梅花三弄的优美旋律中，白棋含笑而逝。

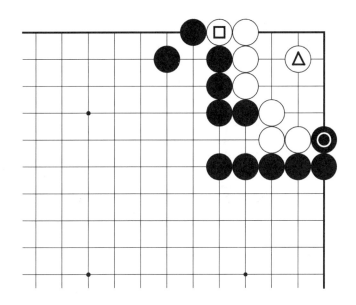

问题图（反面典型）

　　白△子跳形状方方正正，貌似固若金汤。但作为先锋官的黑●子，已经敏锐地发现了白阵一处缺陷，那就是——

　　白左边是紧气三子头（白□子在里面，虽是四子，出头在外也就三子），而这种紧气三子头是死活题中经常登场的反面典型，俗称坏人。

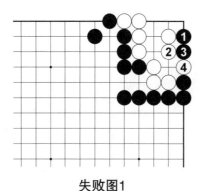

失败图1

失败图1（与世无争）

黑1大跳托不愧锐利二字，白棋下一手如在一路扳断，则正中黑计。

白2下在二路退看似与世无争，其实是准备好了4位扑入的激烈手段，成劫不是最佳手段。

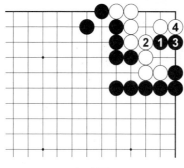

失败图2

失败图2（猜）

黑1靠在二路是上图中白的要点，以思路去猜测是有益的探索，只要先不急于落在棋盘上就行。

脑海中浮现白2挡、黑3立、白4挡，本图被否决。

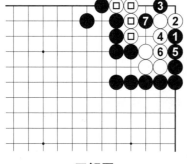

正解图

正解图（坏人）

看来只有黑1小跳，白唯有在2位挡。此时黑3点抓住了白△紧气三子头的缺陷。即使白4、6扩大眼位，黑也可7挖杀白。

看来坏人就是坏人，哪怕多穿了一件衣服。

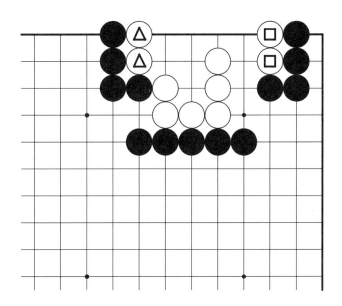

问题图（矛尖VS盾固）

白貌似很慷慨，两边的白△子和白□子，黑你随便吃吧。黑却是大胃王，全吃才吃个半饱。

双方不愿妥协，只能展开矛尖盾固的对决。

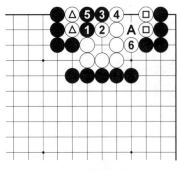

失败图1

失败图1（瞪大双眼）

黑1断吃左边白△两子见小，白2顺势成眼而活，黑3吃倒扑也并无实效。黑1如下A位吃右边白□两子，白同样占2位，瞪大双眼。

看来单独攻击一边不行，而且白2位很可能是要点。

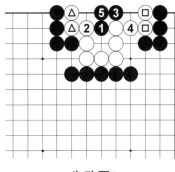

失败图2

失败图2（左右开弓）

黑1点先攻左边白△子，黑3再扳右边白□子，白2、4用最本分的防守，黑5也只能后手双活。

但请不要轻易改变这种左右开弓的思路，可以改变的是攻击的要点。

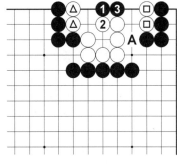

正解图

正解图（潜行）

前面下法过于高调，黑1、3改于一路潜行，如此低调却让白苦笑不已，两边不入子，两边要被吃。

如果现在给白在A位再加个子，这样两边被倒扑，白的心情还要更郁闷吧。

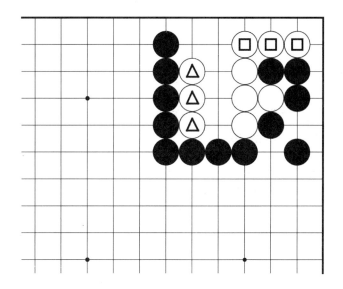

问题图（直三横三）

白△三子是直三，白□三子算是横三，这种棋形很方便做眼。

这种眼形丰富的棋形，普通的思路可对付不了，请下出一箭双雕的招法。

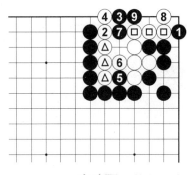

失败图

失败图（计算）

角端容易做眼是常识，故黑1扳不应该被轻易指责。

但是，计算的结果却如此残酷——白2边上一挡，将直三横三尽入其中。而黑3以下忙乎半天，却以后手双活惨淡收场。

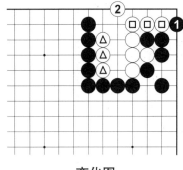

变化图

变化图（感觉）

更令黑倍受打击的是，白还有第二种活法——白占2位是感觉的好手，与白△子直三和白□子横三形成做眼之绝佳配合，号称3+1模式，中间一眼、边上一眼非常清楚。

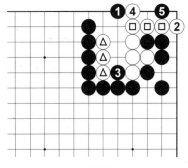

正解图

正解图（夸一夸）

黑1下在白直三和横三的交汇处，那么一箭双雕也好，一石二鸟也罢，总之得找个形容词，来夸夸这手棋。

要点被占，白棋无论怎么挣扎，中间和角上只能选择一处做眼，而两眼活棋已经成为一种奢望。

2 杀 之 部

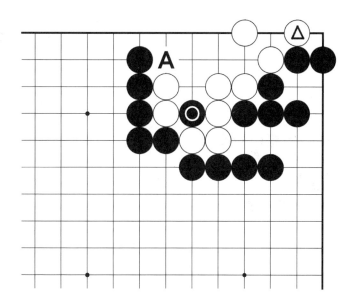

问题图（痛快）

黑●子已经是白棋的囊中之物，黑的目标非常清晰，就是防止白在边上做出第二只眼，而角端扳到的白△子又让白平添几分弹性。

黑A位先手打缩小眼位固然非常痛快，但全歼白才是真的痛快。

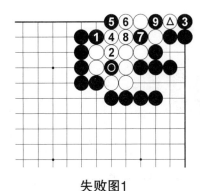

失败图1

失败图1（爽一时）

　　黑1打吃先手爽一时，白2提后，边上之眼形在死活题中比比皆是。

　　黑进一步的进攻，因不能挪开白△子而在同处立，故无论黑是先下3位打，还是5位尖，都无法净杀白。

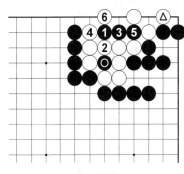

失败图2

失败图2（伏兵）

　　黑1点是稍微隐蔽点的先手，而且往前进了一步，却有根基不稳的弱点。黑3再往前，被白4切断归路；黑5只能再往前，又遇到白△子伏兵。

　　同样成劫，负担还重于上图，反为不美。

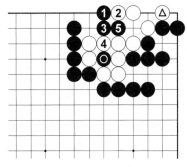

正解图

正解图（自律）

　　黑1一路飞的妙手，本来不难想出，只是受惑于前面打和点的先手。

　　抵制诱惑而自律的人是可敬的，抵制诱惑而自律的棋是可怕的。不信第一句，我管不着；不信第二句，本图的白可不答应。

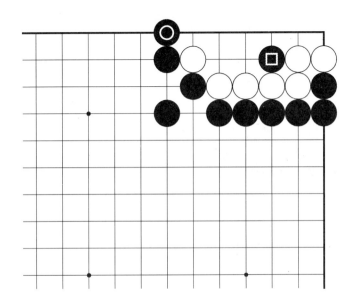

问题图（欢呼）

白角虽不大却狭长，做眼最方便。

黑如简单压缩无异于督促白做活，在外围黑●子硬腿强有力支持下，里面黑■子会以热情的姿态，欢呼聚杀的到来。

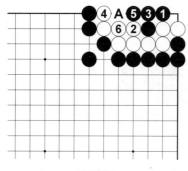

失败图

失败图（不担心）

黑1张开右臂，破白角端一眼，白2打，黑3轻率了，不防白4挡扩大眼位，成双活黑棋失败。

黑3若于5位张开左臂，还有打劫杀的余地。不担心白4下A位吗？还真不担心。

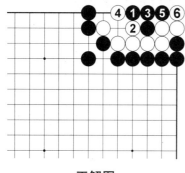

正解图

正解图（张开双臂）

黑1张开左臂，白2打，黑3就接，白4只能从左边打，黑5再张开右臂——张开双臂，这才叫欢呼。

就让白6提四子，接着……

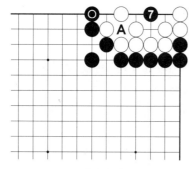

正解图续

正解图续（里应外合）

黑7点入，外围黑●子硬腿格外醒目，白在A位做不出眼，地球人都知道。

口诀叫做，里面一个，外面一个，中间没眼。

第 29 题

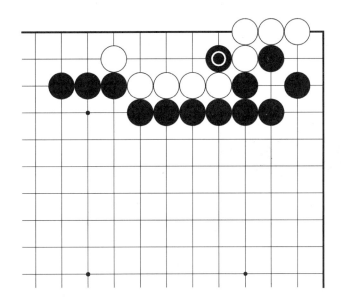

问题图（便宜）

白边类似板八，如简单压缩，对白的压力就不够。

要充分策动白空里面的黑●子，如能做成收气吃，哪怕当作官子题，也可获得目数上的便宜。

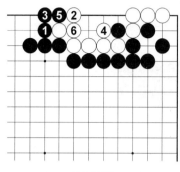

失败图1

失败图1（到此为止）

黑1简单一挡，白2虎是基本手法，不能期待白下二路接，而再被收气。

黑3立，白4补，死活题到此为止。至于黑5、白6的交换相当无聊，不如留作劫材。

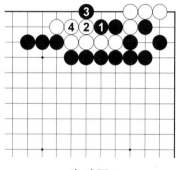

失败图2

失败图2（两块）

黑1爬多送一子，不期待对杀获胜，只是期待做收气吃。

白2挡，黑3再送成三子，但白4接后，黑三子分成两块，不接被吃倒扑，接了被吃曲四，并无效果。

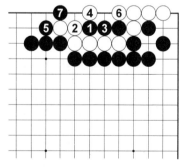

正解图

正解图（一块）

黑1、3靠了接妙手，也是做收气吃的思路，但只是一块棋。以下白忙于收气，但到最后提了也是直三。

以上两图都是做收气吃，效果却天差地别。所以说批判的武器不能代替武器的批判，实践才是硬道理。

第 30 题

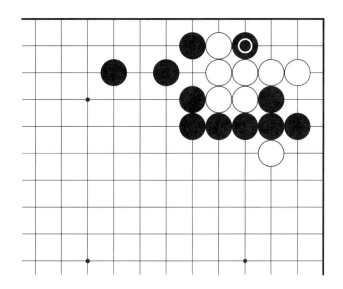

问题图（使命）

黑●子回家轻而易举，但如果不能完成净杀白角的任务，血性男儿有何面目归来？！

为了使命，黑●子愿意做出牺牲，他的战友们同样愿意！

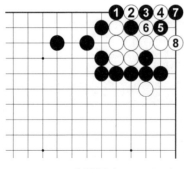

失败图1

失败图1（敢死队员）

黑1急于回家，并非懦弱惜命，实乃过于轻敌，以为白虽有连续打吃，但也无法成活。

对方也有厉害角色，只见白连续派出2、4两位敢死队员，至白8立，白角居然是净活！

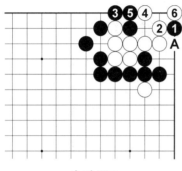

失败图2

失败图2（预谋）

黑1先点是好次序，若白于A位挡，那黑再渡回就没毛病了。

白2上压有预谋，黑3轻率之渡遭致白4尖，断扑见合，又活了。

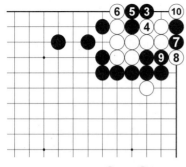

正解图　⑪＝❼

正解图（血染的风采）

黑3不退反进，更有黑5、7、9、11前赴后继，在棋盘上谱写了一曲血染的风采。

如此情怀，连敌人也被深深感动，白12不忍心再提，放弃抵抗而黯然投降。

第 31 题

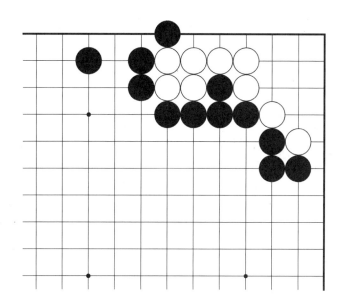

问题图（肆无忌惮）

　　白角地虽大，但右边有两个断点，就这么肆无忌惮地暴露于黑面前，而左边凝成愚形，这么一大团子才5口气，实在不算多。

　　请下出不让白借劲的手段，净杀之。

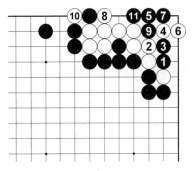

梦想图

梦想图（温水煮青蛙）

黑1二路断打，貌似只想获取官子便宜，颇有温水煮青蛙的味道。

白2接未觉察到危机，黑3爬，白4扳，等着黑再扳，自己做眼成劫。等黑5点入，白已经无法回头，以下被黑杀成金鸡独立。

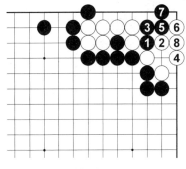

失败图

失败图（承前启后）

黑1三路断打，进入白的中心区域，激发了白2反打成劫的抵抗。

本图承前启后，既解答了上图白2的正确应法，又用下图来解释，为何本图白2不能在二路接，也不能直接于3位反打。

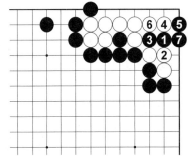

正解图

正解图（斗鸡大会）

通过前面两图，我们不难得出结论，黑1点是正解，不紧挨着白，就回避了被白反打借劲的可能。

白2下二路接，以下成金鸡独立；白2若下三路接，梦想图中的金鸡独立又会重演。

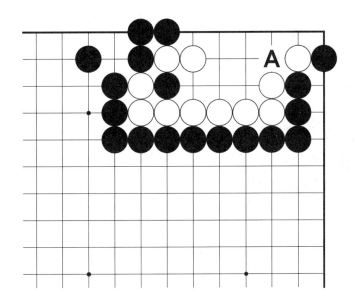

问题图（尽在掌握）

　　白边空有两个缺口，高手不屑于A位断吃白二路子，但对左边的一个急所，倒是有跃跃欲试的冲动。

　　而高手之所以是高手，不出手则已，一出手必是雷霆一击。经过周密计算，他的脑子里浮现出以下三图，相信一切尽在掌握中，然后……

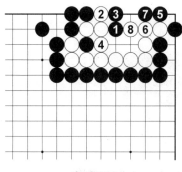

失败图1

失败图1（令人失望）

黑1顶鼻，虽是快心的一手，但被白2挡分断后，并无后继手段，故此方案首先被否定。

黑3虽是先手打，但被寄予厚望的黑5下打令人失望，白顺势而应，至白8顶，留下了黑1、3两子而活。

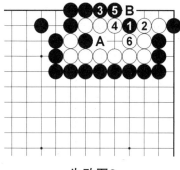

失败图2

失败图2（曙光在前面）

不断而点的黑1，显然是为左边行动做准备。

但简单的黑3一路爬渡，被更简单的白4、6一顶一打，黑无法同时占到A、B两点而宣告失败。

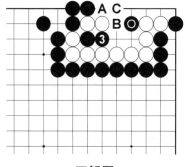

正解图

正解图（最后一根稻草）

黑3多送一子妙，成为压倒骆驼的最后一根稻草，白轰然倒地。

多送一子妙就妙在，白提两子也只是一眼；但撞了白一口气后，白无论下A、B、C哪点，都无法阻止黑●子渡回。

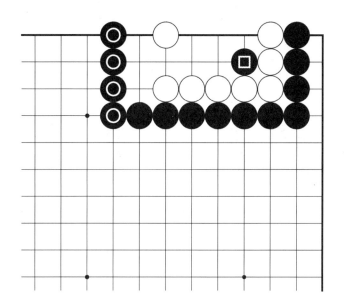

问题图（壁垒森严）

白边上自成一体，好歹也算个未成型的板六，只留给黑一个缝隙。

外围黑●子壁垒森严，要让白躲进小楼成一统的愿望成为奢望，激活黑■子势在必然。

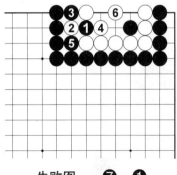

失败图　❼=❶

失败图（见缝插针）

黑1挖见缝插针，对白2外打，早就准备了黑3、5上下摇晃的组合套餐，白6缩进去做眼无奈，黑7提成打劫杀。

如此凌厉的攻势，若不是珠玉在后，差点就相信这是最佳下法。

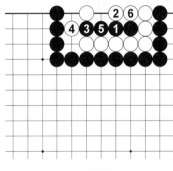

正解图

正解图（大神器）

如果对从外面压缩不满意，那么黑1先从内部动手，至少是思考时的一种选择。

白2托防止被聚杀是必需的，经此交换后，黑再祭出3位挖这个大神器，至白6打吃双方必然，接着——

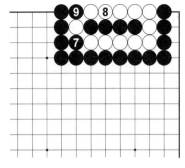

正解图续

正解图续（4-1=3）

黑7、9上下打吃的次序可以颠倒，反正就是先给白棋直四活棋的希望，再通过挤打压缩。

因为4-1=3，所以白棋被杀。

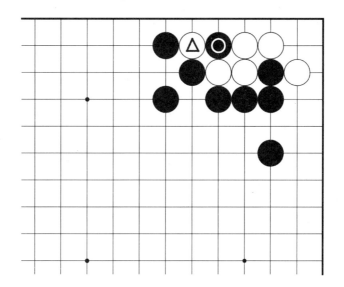

问题图（预判）

黑●子和白△子互相打吃中，当务之急是先解决这个问题。

黑的目标当然不在于此，解决方案必须能和下一步进攻白角挂钩，良好的预判就必不可少。

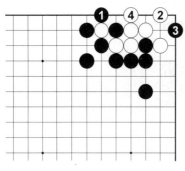

失败图

失败图（看山是山，看水是水）

黑1提子，停留在看山是山，看水是水的第一重境界，只看到事物的表象。

白2虎在气紧的一边正确，黑3点，白4立做眼成立。都看到了白4，你对黑1有新想法了吗？

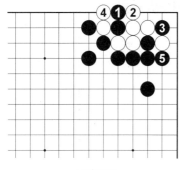

正解图

正解图（看山不是山，看水不是水）

黑1立而不提，上升到了看山不是山，看水不是水的第二重境界，透过表象看到了本质。

白2打企图先手扩大眼位，黑3断打反击，白4提两子并无用，黑5补棋即可。

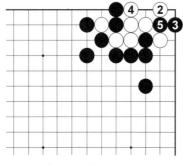

变化图

变化图（看山还是山，看水还是水）

白2单虎狡猾，使黑棋升华到第三重境界，看山还是山，看水还是水，从本质又联想到发展出的事物。

黑3还是点，逼着白4去撞气，这就是上图立的本质。黑5断到后，杀棋不变。

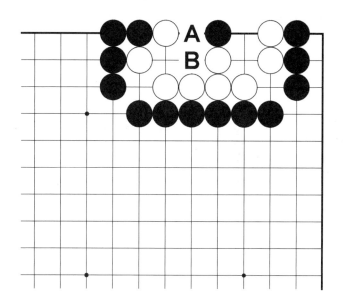

问题图（组合攻势）

　　白空间不大，但抵抗的决心不小，例如黑在A位打，必然会遭到白下B位以劫相争。

　　在黑外部压缩和内部突破的组合攻势中，正确的次序必不可少。

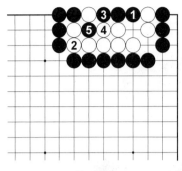

失败图1

失败图1（尤其不爽）

黑1长先从内部突破，白2团扩大眼位针锋相对。黑3只能打，如此又回到老路上，白4反打而成劫。

白若劫胜，活了7目之多，而且令黑尤其不爽的是，白2团还使黑外围多了个断点。

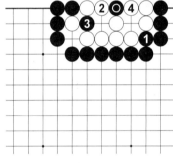

失败图2

失败图2（组合拳）

黑1挤从外部压缩，并使黑●子处于装倒扑的位置。可是，白下2位，以激烈的打吃回应，间接破掉了黑3扑的压缩手段。

组合拳的失利问题出在哪里呢？

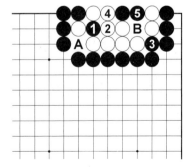

正解图

正解图（改变次序）

马上想到黑1扑的读者，显然掌握了改变次序的思考方法。

待白2提，黑3再挤，如此白4的抵抗手段就显得苍白无力，黑5再长，以A、B两点见合而杀白。

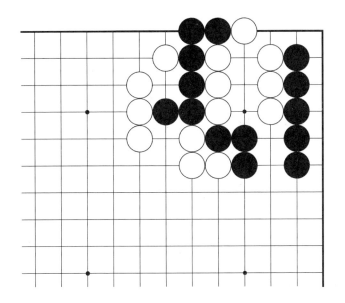

问题图（变数）

与其说杀棋，不如说对杀更加贴切。

单纯比气黑不怕，怕的是白有眼，为结局平添几分变数。

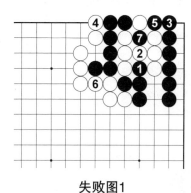

失败图1

失败图1（不回应）

黑1冲，迫使白2挡，黑3再立算是好次序，以后再冲就会冲不到。

但黑5的打吃，显然得不到白粘的回应，白6反打后，黑7提成打劫。

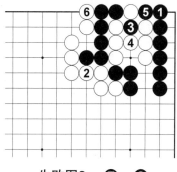

失败图2　❼ = ❸

失败图2（还是不回应）

黑1单立，白同样不予回应，单于2位紧气。黑3、5只能扑了再打，至黑7提还是打劫。

和上图的细微区别在于，黑劫胜只能粘而不能提，且不说厚薄，至少心情就不舒服。

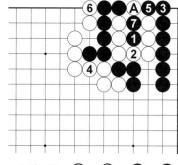

正解图　❽ = Ⓐ　❾ = ❼

正解图（无所谓）

被白无视的黑愤怒了，使出黑1点的强袭手段，白2不得不断。

黑3、5同样立了打，这次白无论如何回应，黑棋都无所谓，反正就是净杀。

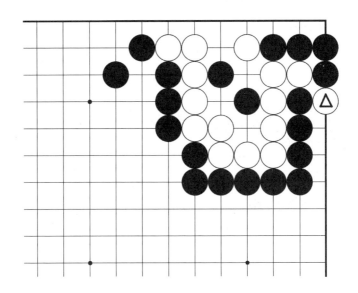

问题图（理念）

聚杀白的问题，因白△子做了标识，解答过程中自然不会忽视，但实战中对手是不会提醒你的，提醒了你也不信。

希望通过本题强化一个理念，棋盘上的所谓死子，只要没被拿掉，就有可能起作用，甚至死灰复燃。

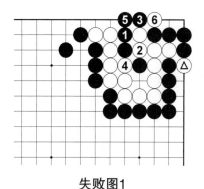

失败图1

失败图1（无情击碎）

黑1冲，以为可以简单渡回，白2接若无其事。黑3、5企图渡回的愿望，被白4、6打扑无情击碎。

白△子自豪于零落成泥香如故，而黑棋痛感已是黄昏独自愁。

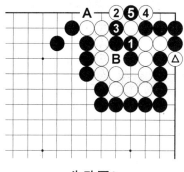

失败图2

失败图2（高光时刻）

黑棋不再惦记回家，于1位团断，一心一意做聚杀。白2应法有韧劲，空出一个眼位，并制造A位做眼和B位挤的见合。

黑3打吃企图破见合，被白4扳成劫，白△子再度迎来高光时刻。

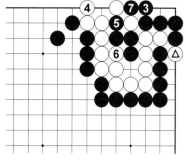

正解图

正解图（几多寥落）

黑3立坚若磐石，以此击破白棋的韧性。白4做眼抵抗，黑5打吃接不归后，并无想象中的打劫接不归。

此时的白△子，一声叹息，几多寥落！

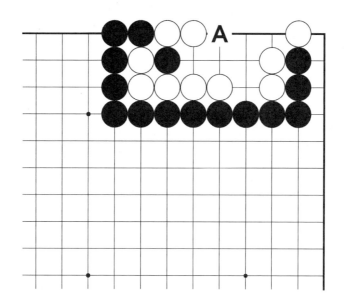

问题图（传说）

A位的先手打吃，横陈于黑面前，颇为诱人。

但传说中先手都是骗人的，黑为难中。

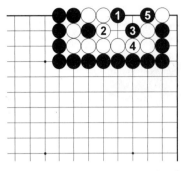

失败图1

失败图1（不满之处）

　　心动不如行动，黑1先手打后，黑3、5尖扑可以成劫，因白气紧无法打接不归之故。

　　但从做眼理论而言，让白2一个点就做一个眼，这是黑不满之处。

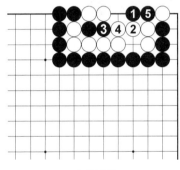

正解图

正解图（弥补）

　　保留先手打，黑1选点刁钻，按专业棋手行话，白被麻了一下。

　　白2上压，黑3多送一子，以弥补上图之不满。白4提，则黑5扑杀。

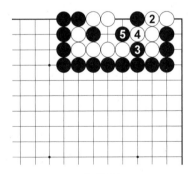

变化图

变化图（赫然）

　　白2改为接，不让黑扑的机会。你有张良计，我有过墙梯，黑自有对策。

　　只见黑3冲，待白4挡，黑5断，赫然是一个双打。

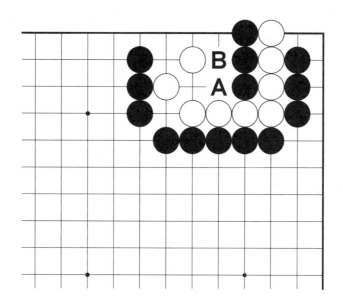

问题图（漂亮）

白觉得自己空里黑三子长得漂亮，漂亮在哪里？例如黑下A位冲破眼，则白下B位挤，黑成为更漂亮的曲四，白净活。

看来，聚杀之路不易。

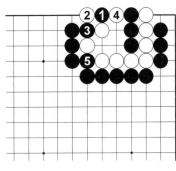

梦想图

梦想图（哀其不幸，怒其不争）

不能在白内部动手，黑1在边上托缩小眼位，方向正确。白2断居然还有心情吃子，令人哀其不幸，怒其不争。

黑3断打、黑5挤打，上下缩小眼位，黑三子原封不动，白简单被杀。

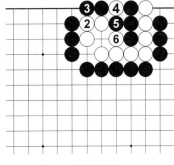

失败图

失败图（根源）

白2二路团扩大眼位，是最佳防守手段。待黑3渡，又以4、6扑打，吃个接不归。

过程中，黑无法兼顾缩小眼位和占聚杀要点，这是失败的根源。

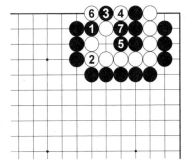

正解图

正解图（该醒醒了）

黑1挤迫使白2团撞气，自有深意，再于3位一路扳。

白4扑期待重温旧梦，但黑5冲后，黑7得以占杀刀五要点。黑硬将白拉回到现实中，你该醒醒了。

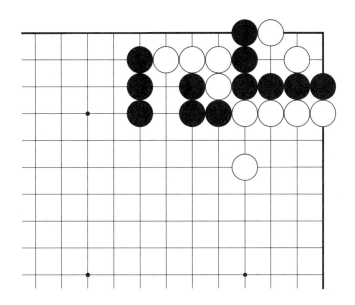

问题图（靠人不如靠己）

中间一队黑子，两边各一队白子，中间黑子陷入迷茫中，谁能告诉我，我该和哪边对杀？

这个答案，朋友圈、百度都找不到，靠人不如靠己。

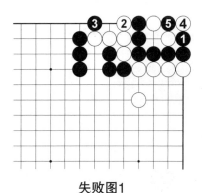

失败图1

失败图1（解而不决）

黑1拐，意图是解决内部矛盾，黑角一活，自然摆脱和左边白子的对杀麻烦。

但白岂肯善罢甘休，白2、黑3各自紧气后，白4扑成劫。

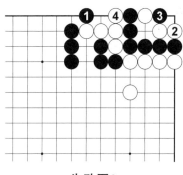

失败图2

失败图2（祸起萧墙）

黑1改于直接对左边白动手，待白2挡，黑3扑，意欲展示金鸡独立的高级手筋，却被白4施展吃倒扑的初级手筋，祸起萧墙也。

突然，黑发现了正解……

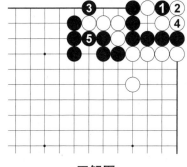

正解图

正解图（一身轻松）

黑1扑又是改变次序的思考方法，白2不得不提。解决了内部矛盾，黑一身轻松，转于3位收气。

白4团的意思黑秒懂，那是让我心中不再有遗憾——黑5继续收气，金鸡独立完美展示。

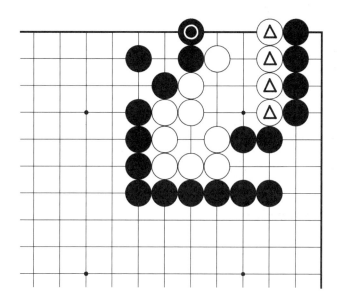

问题图（胜利可期）

　　白上下各一个缺口，并没让黑认为破眼轻而易举。

　　倒是黑●子硬腿的存在，以及白△四子外气全被撞紧，让黑觉得胜利可期。

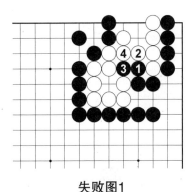

失败图1

失败图1（双虎）

黑1从上往下冲，从棋形看就不是好棋，正好凑白2挡成双虎好形。

上面这个虎口，黑3冲负责报废，而下面那个虎口，黑显然有心无力。

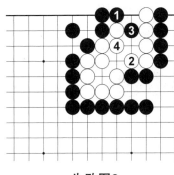

失败图2

失败图2（大伤元气）

假设上下全部被白挡住，白这个眼位有5个交叉点之多，故黑1从下面冲虽然靠谱点，但同样无法奏效。

白2当然挡上面，黑3一打已是强弩之末，无力前行。

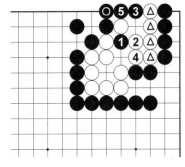

正解图

正解图（没那么神秘）

上下不得其手，本图黑就采用从内部动手，上下摇晃的手段，虽然巧妙，但因别无选择，而变得并没那么神秘。

至黑5接，黑●子和白△子正如问题图所言，硬腿和撞气历历在目。

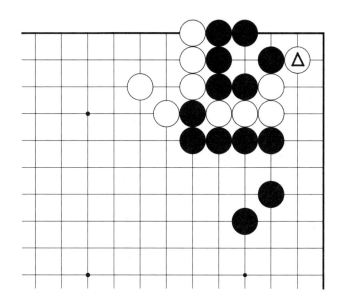

问题图（消除弹性）

被白△子扳到对杀要点，虽然黑有一只眼，但想避开打劫没那么容易。

请充分考虑白棋的应对，下出消除白弹性的杀招。

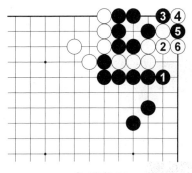

失败图1

失败图1（理念）

黑1先从外围立，有置身事外之感，最后成两手劫。但不能轻易否认其理念，无论里面天翻地覆，先立先拿目数。

黑7脱先贯彻理念，白如执意消劫，还要花三手，指不定还亏。

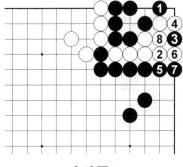

失败图2

失败图2（弹性）

黑1从角端扳，是一心一意对杀的态度。白2曲立是有弹性的下法，黑3点成双活，黑3若于4位打则成劫。

黑倒是期待白2下8位二路接，那么——

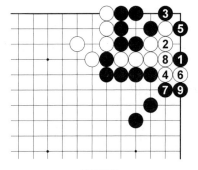

正解图

正解图（无暇做眼）

黑1点妙手，迫使白2接，形状被固化而失去弹性。而后黑3、5两扳紧逼，使白棋无暇做眼而被杀。

上图中白2若于二路接，最后就会演变成本图。

第 43 题

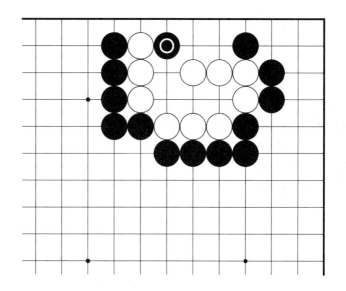

问题图（走一步算三步）

黑●子一路渡回轻而易举，但君不闻，不谋万世者，不足以谋一时乎？

走一步算三步是计算的基本要求，请以前瞻性的眼光计算后继着法。

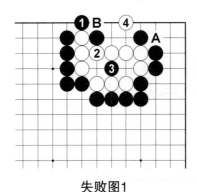

失败图1（见合）

黑1直接渡回，图一时之安逸。

白2先手接，待黑3点，白4跳是局部手筋，A位断和B位扑，两点见合而活。

失败图1

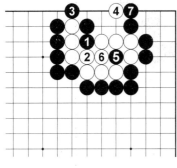

正解图（温馨）

渡回前，黑1先冲机智，撞紧白气。

白4跳，心中满是"去年今日此门中，人面桃花相映红"的温馨，但黑5扑、黑7挡继续撞紧白气——

正解图

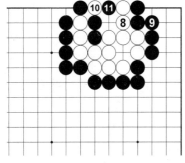

正解图续（惆怅）

白8紧气，黑9就接，白10扑，黑11提，白不入子而无法打接不归，只留下"人面不知何处去，桃花依旧笑春风"的惆怅。

正解图续

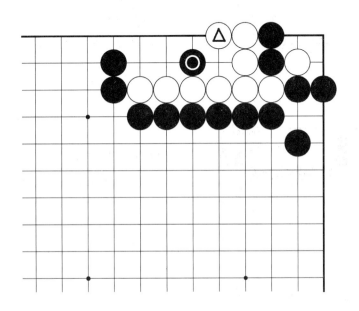

问题图（怪兽之角）

　　被白△子怪兽之角紧盯，黑●子浑身不自在，渡回颇受牵制。

　　偏偏角端两子被白棋吃干净，等一等，这两子还没被请出棋盘外，生命不息战斗不止，可不能视若无物。

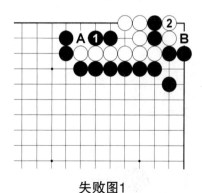

失败图1

失败图1（慌忙）

黑1于二路爬渡计算粗糙，只看到白气紧，以为白无法追究自己的气紧。

白2慌忙提子，而后A位冲吃和B位做眼，两点见合而活。

但白为何如此慌忙，连A位冲这种关系目数和厚薄的先手都不下呢？

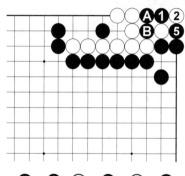

③ = Ⓐ   ④ = Ⓑ   ⑥ = ❶

正解图

正解图（嗅到机会）

黑从白的慌忙中嗅到了机会，于1位拐走成三子而弃之。

待白2提，黑3点手法细腻，不给白打劫机会。白4接，黑5先手打定型，白气被撞紧后……

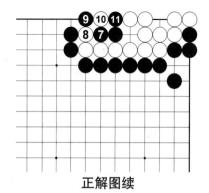

正解图续

正解图续（不入子）

黑7改于二路爬渡，白8、10冲了扑做最后的挣扎。

黑9、11不慌不忙地渡了提，至此白棋弹尽粮绝，亡于不入子。

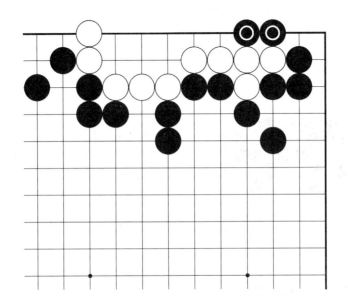

问题图（穿越）

白是边上未成型板六，三路白三子还有一口外气，而黑●两子再往前也有不便之处，提三子就是一眼啊。

答对此题者会得到系统奖励，穿越回童年，排排坐吃果果。

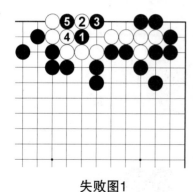

失败图1

失败图1（复习）

黑1靠二路是第一种常规武器，白2反夹，黑3打，白4反打成劫。

本变化并无出彩之处，权当复习基本死活。

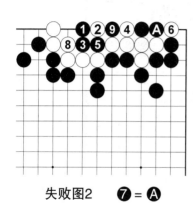

失败图2　**⑦**＝**Ⓐ**

失败图2（威力骤降）

黑1点方是第二种常规武器，但因白三路三子有外气，而威力骤降。

白2尖顶正应，以下手数虽长确却是单行道，还是成劫。

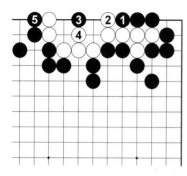

正解图

正解图（涌上心头）

黑1单爬杀法别致，白2必挡。黑3点，白4顶，黑5外挡，白不入子被杀。

看看黑1、3、5排排坐，童年的美好回忆顿时涌上心头。

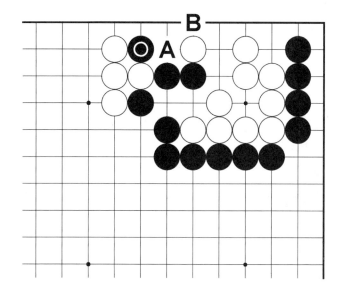

问题图（将连未连）

黑急于下A位连回黑●子，是懦夫所为，凑白B立而活。

在黑●子将连未连之际，手筋娴熟的读者，已经看到杀机涌动，请亮刀！

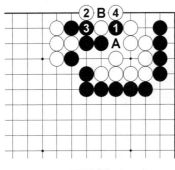

失败图1

失败图1（经验主义）

类似型中看到过黑1挖，但此时急于出手则犯了经验主义错误。白如A位断打正中黑计，黑于B位反打，送其假眼一枚。

白2尖一路最强，黑3打，白4以劫相抗，无法净杀就是黑失败。

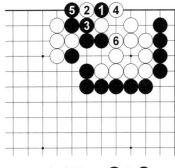

失败图2　**❼** = **❶**

失败图2（过于急躁）

黑1一路夹是本型要点，白2只能从这边打。

黑3断打还是过于急躁，白4、6硬抗，还是成劫。

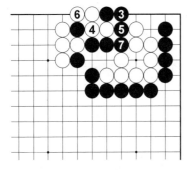

正解图

正解图（合算）

黑3一路退冷静，白无法接受5位吃成假眼，于4位断别无他法。

黑5冲回，以弃去一子的微小代价，换来净杀白，这个买卖太合算了！

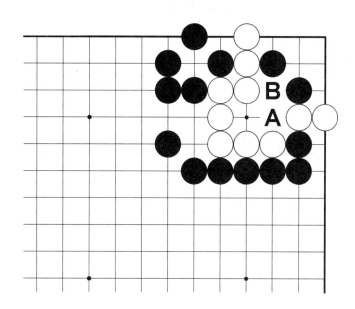

问题图（卖相和胃口）

　　白角地宽广，黑欲以聚杀而制之，把自己送成刀五葡萄六等愚形，卖相难看，让白没有胃口下嘴。

　　黑A断、白B反断，前两手不容置疑。

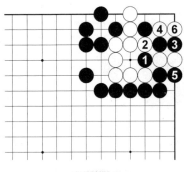

失败图1

失败图1（反弃子）

黑1、白2定型后，黑3打刚刚踏上弃子的道路，就被白4来个反弃子。

黑5只好含泪吃子，白6挡活得干干净净。

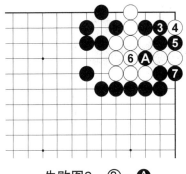

失败图2　⑧＝Ⓐ

失败图2（继续反弃子）

黑改进计划，于3位粘防止白断打。

白4托继续反弃子，送黑一子后，角上怎么看怎么不像聚杀之形。

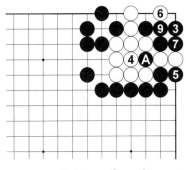

正解图　⑧＝Ⓐ

正解图（没法过）

黑3一路倒尖，终于找到了形状的要点。交换几手后，待白8粘，黑9也粘，做出刀五等着白。

白太难了，不吃要饿死，吃了要撑死，这日子没法过了。

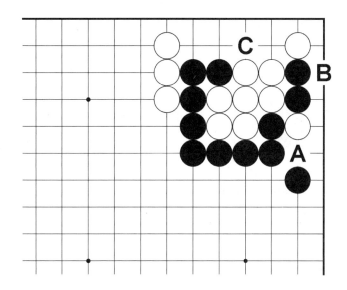

问题图（执行力）

黑如单在A位吃白一子，白因为有B位打吃和C位曲立两个先手，活棋不成问题。

那么，黑进攻的方向只能是从左边，方向一旦被确定，就看你的执行力了。

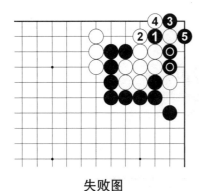

失败图

失败图（开掘）

黑1断后黑3反打，是角端做劫常法，虽然是对黑不利的两手劫。

提示一点，即使黑●两子被吃，白也不见得是活棋。以此为出发点，请挖掘出更加强悍的攻法。

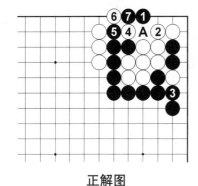

正解图

正解图（搞笑）

黑1一路点方强烈，白2如接，则已经被切断左方归路，黑3回头吃子即可。

黑7如下A位断，那不是杀棋，而是负责搞笑了。

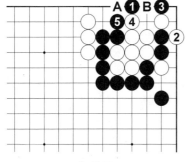

变化图

变化图（进退自如）

白2以打吃来抵抗，但一路的优点就在于进退自如，黑3凌厉地一夹，白棋难以动弹。

黑5紧挡好，于A位退则松缓，反给白B位扑劫的机会。

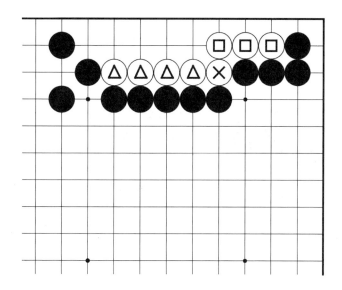

问题图（四子头 三子头）

观察棋形可知，左边三路上白△四子头，右边二路白□三子头，白×子藏在里面不算哦。

按理说，四大于三，应该先破左边。让我们默算，以验证之。

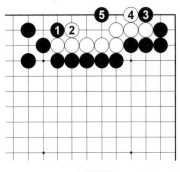

梦想图

梦想图（正常感觉）

黑1二路虎扳、白2二路挡都是正常的感觉。如此黑3扳、黑5点，貌似白没有抵抗余地。

请大家回头看第26题，就会有新的想法。

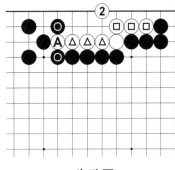

失败图

失败图（3+1模式）

白2退守要点，与三路白△子和二路白□子，两个三子头形成做眼之3+1模式，两边各一眼非常清楚。

等等，刚才还说白△四子头，少了一个在哪里？在A位，因被黑●两子所包围。

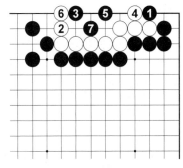

正解图

正解图（金字塔）

黑1扳一路竟然是正解，白2曲二路扩大眼位。

黑3、5两边一路点后，黑7在白空里做成小金字塔，并慷慨地给白两个选择——是被眼杀，还是被聚杀？

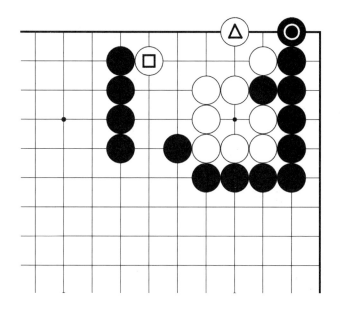

问题图（干扰）

从黑●子一路硬腿空军基地起飞的黑战机，正欲轰炸白△子一路倒虎，但飞机的雷达制导系统却遇到了白□子的欺骗性干扰。

那我们的战鹰还能顺利完成任务吗？

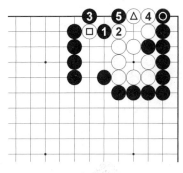

失败图

失败图（勇气可嘉）

黑1二路夹吃白□子，白方对雷达的干扰显然成功。黑3倒虎、黑5扑入强攻，如此成劫黑自己也有负担。

这样不仅轰炸任务难以完成，恐怕战机也难以全身而退，只能说勇气可嘉。

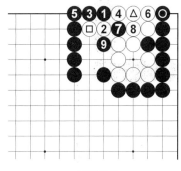

正解图

正解图（全自动）

黑1超低空飞行，有勇有谋，就当白□子不存在，不就是这个要点吗？

按照电脑大数据，前面出现本质一样之型，以下攻势进入全自动模式，最终以黑9卡一招制敌。

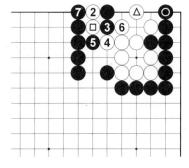

变化图

变化图（不为所动）

白在2位挡下发出干扰弹，企图以弃子而活棋。这次雷达检测精确无比，黑3以下不为所动，至黑7还是完成任务。

白虽走成两子而弃之，但因手数互相抵消，黑也就花了一手棋。

第 51 题

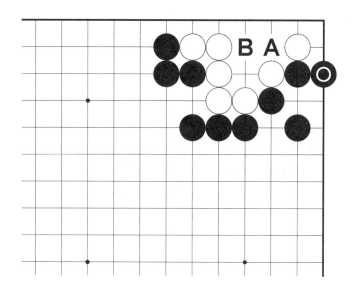

问题图（岂可荒废）

黑如下A位打吃，白于B位反打成劫必然，这个变化在脑海一闪而过，只因看到了黑●子一路硬腿，这个在杀棋中反复出现的攻城利器，岂可荒废？

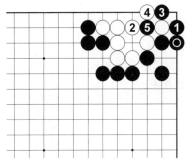

失败图

失败图（不虚此图）

都说有黑●子一路硬腿，黑1还如此慢腾腾前行，自然不是正解。

本图价值在于，如此打劫，白胜后空为3又1/3目；而黑单下5位打劫，白胜后空为5又2/3目，能明白这点，就不虚此图。

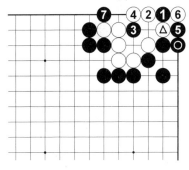

正解图

正解图（飞起来）

对白△子来说，黑1被称为夹；而对黑●子而言，黑1又叫做飞。而唯有飞起来，才对得起黑●子硬腿。

白2如挡，以下变化并不难，至黑7扳，白被净杀。

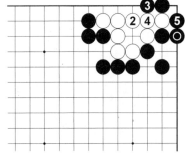

变化图

变化图（全赖有你）

白2曲虎，企图还原成失败图中的打劫。

而黑3挺进得以成立，全赖有黑●子硬腿的支持。

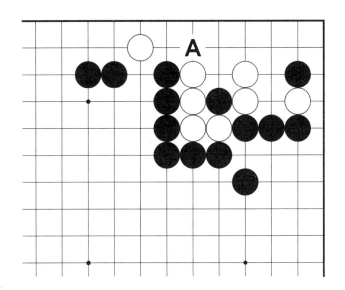

问题图（馅饼，还是陷阱）

黑于A位的先手打吃，因过于醒目，令人心生疑惑，这到底是馅饼，还是陷阱？

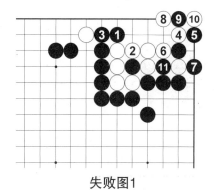

失败图1

失败图1（陷阱）

黑1先打为快，已经掉进陷阱，白2提后，黑3还得补棋。白争到角端4位夹，已是生机勃勃。

黑5、7强攻，白8倒虎巧妙，黑9扑已竭尽所能，也只是个对黑不利的两手劫。

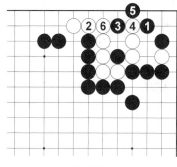

失败图2

失败图2（连滚带爬）

黑1从角端尖，进攻方向正确；黑3二路跳点，进攻手法错误。

被白4冲成连滚带爬、一二路混合渡之薄形，黑救不出三路一子，也无余力来破白二路边上眼位。

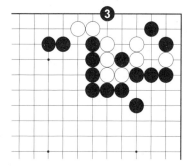

正解图

正解图（仙人指路）

黑3仙鹤大伸腿悠悠然然，或许称为仙人指路更为贴切。

若非仙人，凡夫俗子哪能弈出如此洒脱飘逸之招？！

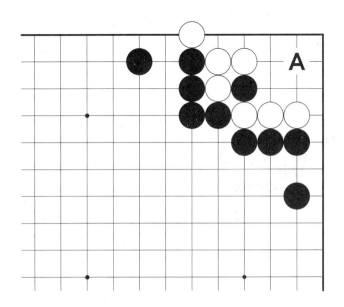

问题图（行百里者半九十）

A位的急所一览无余，黑1必下此处，白角岌岌可危。

白以古希腊哲学家柏拉图的名言"良好的开端意味着成功的一半"相赠黑，祝福还是忽悠就不得而知；而黑却以中国古典名著《战国策》中的"行百里者半九十"以自勉。

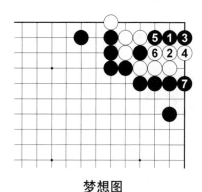

梦想图

梦想图（误会了）

黑1点，白2顶抵抗不力，没给黑犯错误的机会。黑很自然下出3立5挤的次序而杀白。

黑3如单下5位，而被白扳在3位，则黑失败。

看来刚才误会了，白刚才那句还真的是祝福。

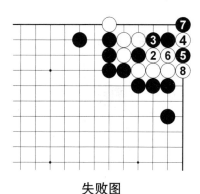

失败图

失败图（策略）

白2单提有策略，给黑提供了一个挤破眼的绝好点。

而黑3当真去挤，就忽视了白的抵抗手段，那就是白4托，如此成劫争，黑显然上当。

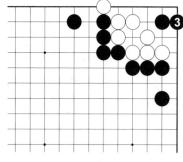

正解图

正解图（心平气和）

黑3当然应该先立，如此白再无机会。

本来就是死棋，既然对方下出好棋，白也就心平气和地接受这个结果，保留劫材，脱先转战。

第 54 题

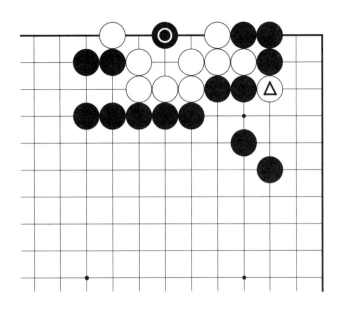

问题图（扑朔迷离）

　　被白△子断，角端三子危在旦夕，与之对杀恐有心无力，弃子又于心不甘。

　　纠结中的黑看到了左边，黑●子使白边上成后手眼。突然，黑有了好主意。

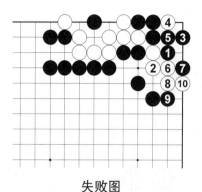

失败图

失败图（对杀最强）

黑1从二路打吃方向正确，待白2长，黑3一路倒虎是对杀最强手，辅之以黑7一路扳，成缓一气劫必然。

过程中白4不易下错，白8却会有人下成紧气劫，请对比之。

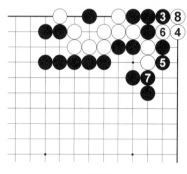

正解图

正解图（杀棋最强）

黑3二路曲虎是杀棋最强手，白4只能点。经此交换，黑5再爬，角上情况已经大不一样了。

白6断，黑7打吃，白8提，想必此时大家已经明白了。

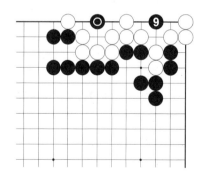

正解图续

正解图续（两个后手眼）

黑9点，使白角端成为后手眼。

此时黑●子焕发了生机，和黑9一起盯着白断点。白两边两个后手眼，无奈接受被净杀的结果。

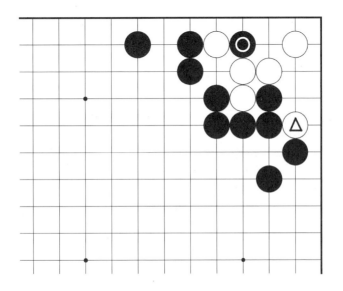

问题图（左右兼顾）

白吃左侧黑●子，或者拉回白△子，眼形都很充分。

若无法左右兼顾之，黑杀棋的愿望终成泡影。

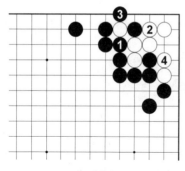

失败图1

失败图1（带着眼形）

黑1打，从左边着手，这样对白棋的压力不大。

白2先手打吃，黑3必提，而后白4带着眼形拉回二路子，令黑棋无法忍受。

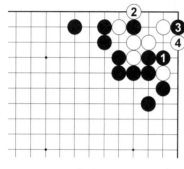

失败图2

失败图2（防守佳着）

黑1拐，从右边动手，感觉稍好。

但白2一路打是防守的佳着，以此来防御黑下一手于3位托的手段，黑还是失败。

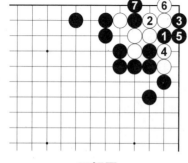

正解图

正解图（策应）

下左边不行，下右边也不行，黑1挤是以攻为守，策应两边的妙手。

白2防止黑在同处挤打无奈，黑3扳再接再厉。待白6立，黑7跟着立，使白两边都成后手眼，完成杀棋大计。

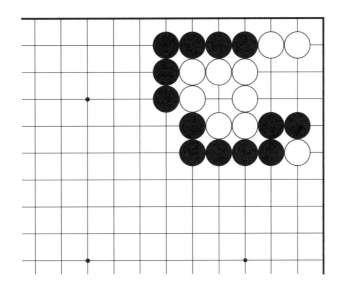

问题图（严阵以待）

    白已在中间方方正正摆出一只眼，而角端两子以横并的状态严阵以待。

    黑有角边两个破眼方向，手法固然要到位，次序也至关紧要，吃一半留一半不算胜利。

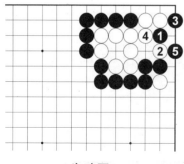

失败图1

失败图1（生硬强硬）

黑1二路边上靠，手法生硬而态度强硬。对白2挖的小巧手段，黑3扳角贯彻初衷，粗暴地做出打劫杀。

若非本型正解为净杀，这种手段还是值得赞赏。

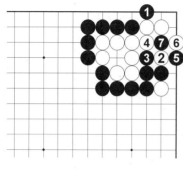

失败图2

失败图2（相映成辉）

黑1扳从角端着手，白在同一方向已经没有防守的余地。故白2靠，在边上最大限度扩大眼位，争得劫活。

本图的白2和上图的黑1相映成辉，均为攻守的佳着。

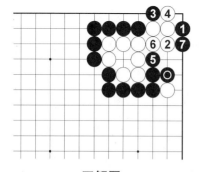

正解图

正解图（呼啸而至）

从黑●子出发，黑1大飞托呼啸而至，堪称棋盘上的明星。

待白2曲，黑3、5从两边扳和冲的次序绝不可错，否则给了白金蝉脱壳的机会。黑7爬后，白被全歼。

第 57 题

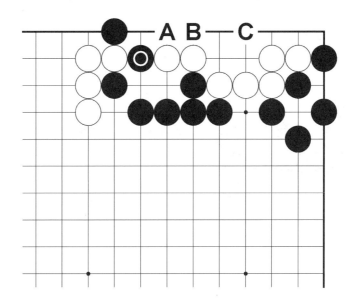

问题图（灵丹妙药）

黑●子作为进攻白的先锋，软头是其先天不足。例如黑A位扳则凑白B先手挡打，白再下C位即是三眼两做之活形。

为了寻找灵丹妙药，增强先锋官之体质，黑遍访仙山，终有收获。

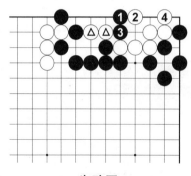

失败图

失败图（自顾自）

黑1点入，盯着白断点，胜于点在右边一路。白2顶应，待黑3断，白4可自顾自做眼，只因白△两子并无气紧之危机。

结合上述变化，大家有了灵感吗？

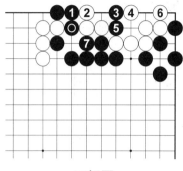

正解图

正解图（一目了然）

黑1单粘就是灵丹妙药，黑●子软头变硬头。白2贴紧拒不承认，被激怒的黑于3位点入杀白。

以上变化请和上图对比，一目了然。

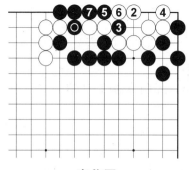

变化图

变化图（单刀直入）

那白如改于2位虎呢？黑3断单刀直入，然后于5、7一溜烟贴地而回。

黑送白假眼的手段可以成功，还是灵丹妙药使黑●子体质变强之故。

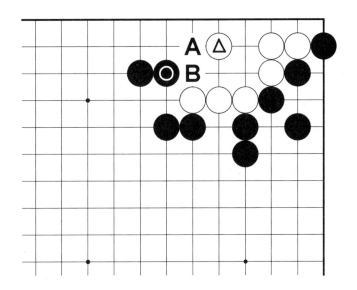

问题图（不屑一顾）

因有白△子跳方的好形，白对黑下一步的进攻不屑一顾。

而黑不利之处还在于，先头部队黑●子位置太高，有劲使不出。如黑下简单的A位尖顶，白下更简单的B位挤，则再无战事。

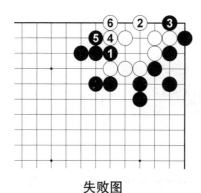

失败图

失败图（无功而返）

黑1冲，意欲步步为营压缩眼位而杀之。

白2一路倒虎，退守眼形要点机智，黑之进击无功而返。

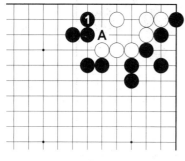

正解图

正解图（空）

黑1空立绝妙，一手棋一个图，以此表示敬仰之心如滔滔江水，连绵不绝，又如黄河泛滥，一发而不可收拾。

何为空？白下A位，黑下1位立乃顺势而为，但现在A位有白子吗？

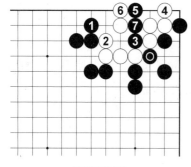

正解图续

正解图续（重现黑1）

本图重现黑1，白2挡扩大眼位，黑3点至黑7接，杀白成断头曲四。黑3若于4位扳，则白占3位可活。

本型可以这样理解，白2位曲和黑1位立交换后，白脱先，然后被黑点杀。

第 59 题

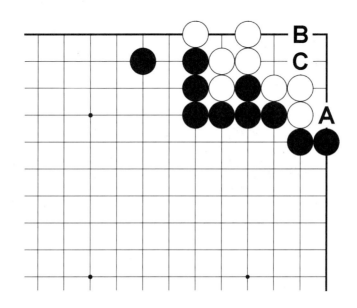

问题图（断头盘角曲五）

黑A拐，白B跳应；黑C靠，白B夹应，均被化解，黑1被固定在B位。

众所周知，断头曲四是死棋，盘角曲四也是死棋，而盘角曲五是活棋，那断头盘角曲五又是怎么回事呢？

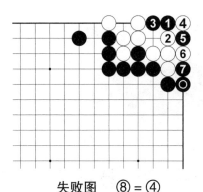

失败图　⑧＝④

失败图（勇挑重担）

黑1点、白2顶，各自占据板六中心要点。黑3长，白4扑最强，黑5提有误，如此成打劫。

若无黑●子硬腿，白倒是可以净活，那不妨让它勇挑重担，发挥更大作用。

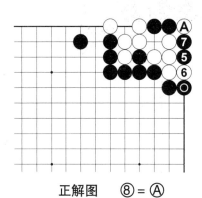

正解图　⑧＝Ⓐ

正解图（迫使撞）

黑5靠入妙，迫使白6撞上黑●子，是发挥硬腿作用之常法。

黑7、白8互相提子后，请看下图——

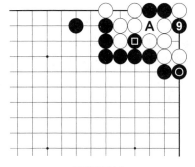

正解图续

正解图续（被挤到）

黑9再回提，由于被黑■子挤到，白成为断头盘角曲五。白不服气，黑紧外气迫使白下A位接，白就是正宗的盘角曲四。

请注意，如黑■子换成白子，多了A位公共点，白角是盘角曲五双活。

第 60 题

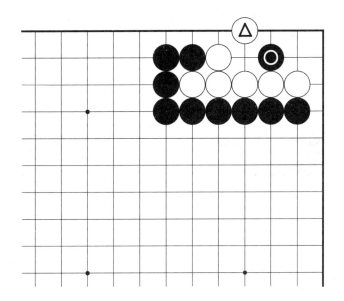

问题图（碧海潮生曲）

虽然已有黑●子点入，但白△子一路尖占据了有利地形，做成双活的可能性很大。

身披黑袍的黄药师，若能吹出一曲《碧海潮生曲》，以飘忽不定的节奏感带乱白，则白不免心旌摇动，为其所牵。

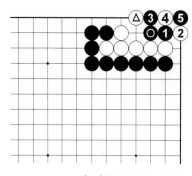

失败图

失败图（来者犹可追）

黑1爬则被白2扳到要点，净杀已经无可能。

往者不可谏，来者犹可追，黑3挡没再错过机会，白4扑成劫。黑3若于4位曲，白下3位挤就是双活，白△子作用得以显现。

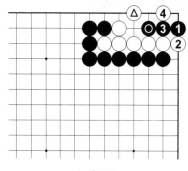

正解图

正解图（暗藏杀机）

黑1跳点奏出高音，待白2挡，黑3再接，笛子声中暗藏眼杀和聚杀。

白4急忙点入，以超强的定力和内功化解之。但黄药师岂是浪得虚名之辈，只听……

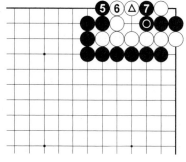

正解图续

正解图续（名不虚传）

只听笛子声突转幽暗，若有若无，不再于角内纠缠，黑5慢悠悠于外面立下。那白顿时大惊失色，因6、7两点见合，白防线终被攻破。

黄药师名列天下五绝之一，当真是名不虚传！

第 61 题

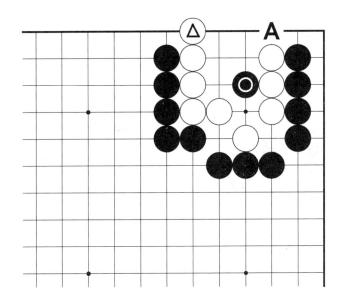

问题图（爆破手段）

　　和上题类似之处在于，虽有黑●子点入，但白△子硬腿冷冷对应，一不小心又会被白做出双活。

　　同时，点入硬杀会被白立到A位，白眼位有7个点之多。不采用激烈的爆破手段，实难杀也。

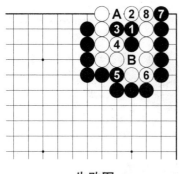

失败图

失败图（断桥残雪）

黑1二路夹是常规武器，白2扳应，至白8接，白空内两处未连，难道是断头曲四吗？

那A、B两处似连非连，犹如西湖美景之断桥残雪，美不胜收。黑在白空里逛了一圈，权当免费旅游了。

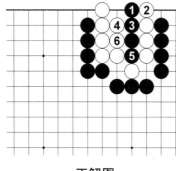

正解图

正解图（强行挤入）

要想杀棋，黑1必点，至白4顶防止成聚杀，貌似又成双活。

只见黑5强行挤入，再不派出爆破团队，悔之晚矣。

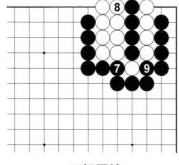

正解图续

正解图续（炸开缺口）

黑7引爆，白8轰的一声，黑四子被提，但黑9再打，白壁垒终于被炸开一个缺口，也就再也无法抵抗黑之攻势。

顺便提一句，黑7、9位置可以自由发挥。

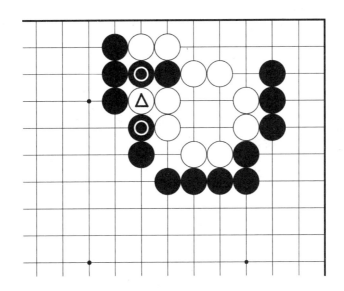

问题图（四大恶人）

　　因白△子被上下两个黑●子夹住，白阵等于是由五个二子头组成。而最后白的棋形也颇为有趣，会出现四个紧气二子头。

　　紧气二子头是有名的恶形，而四个紧气二头，不就是天龙八部中的四大恶人齐聚首吗？

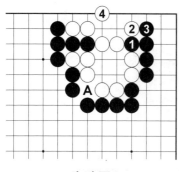

失败图1

失败图1（躲过一劫）

黑1单挤，颇有含蓄有力之感，因黑有A位挤，白中间已成后手眼。

只不过白有2、4扳虎，防守到位，四大恶人躲过一劫。

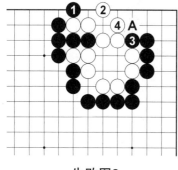

失败图2

失败图2（呼之欲出）

黑1扳先追究边上白紧气二子头，再回到黑3挤制造中间紧气二子头。但此手还是失之含蓄，白4做眼冷静，以三眼两做而活。

如能解读白4为何不下A位，则正解呼之欲出。

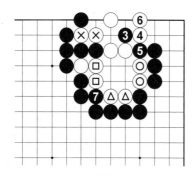

正解图

正解图（覆巢之下）

黑3托强制在边上定型，回头于7位挤，四大恶人终被团灭。

未标出符号的白三路两子虽然不是紧气二子头，但覆巢之下，安有完卵，纵有千般委屈，也无处话凄凉。

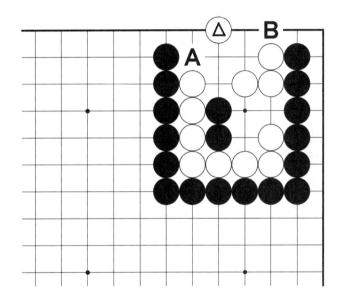

问题图（旁敲侧击）

白△一路子正居要津，得意于不惧黑A冲B扳的手段。如不能有效地缩小白眼位，聚杀白的计划即只能束之高阁。

请不要迷信自古华山一条路，正面强攻不可取，旁敲侧击可成功。

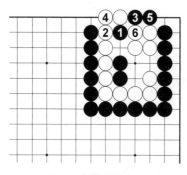

失败图

失败图（莽汉）

黑被白一路子所激怒，不顾孙子兵法云：主不可因怒而兴师，将不可以愠而致战，断然于1位跨强攻。

但从结果看，黑1之子无法逃回成了送眼，莽汉一枚也。

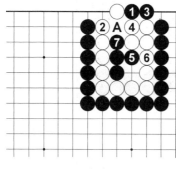

正解图

正解图（迂回进攻）

黑1即所谓的旁敲侧击，这种迂回进攻反使白为难。

白2挡左边扩大眼位，黑3白4交换后，黑5、7以两个冲的次序做成聚杀。切记黑3不可于A位打，否则还原成失败图。

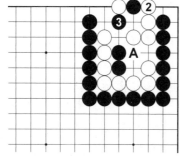

变化图

变化图（英雄）

白2若从右边挡断，黑3反打逞威，正是失败图中黑1跨的位置。方才的莽汉现在成了英雄，非务相反也，时势异也！

黑第一步先下A位冲亦可，本题双解。

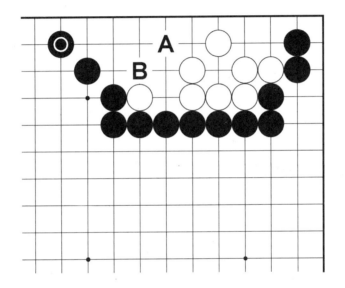

问题图（肆意 内敛）

黑第一步A位点肆意而张扬，白B位应只能如此。

而接下来黑之下法，内敛而含蓄，还得靠黑●子的接应，才能净杀白棋。

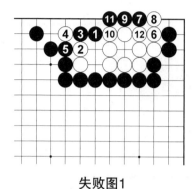

失败图1

失败图1（直接）

黑1白2交换后，黑3二路爬渡，手法很直接。

但如此白6挡后，黑7可点不可回，黑进攻受挫。

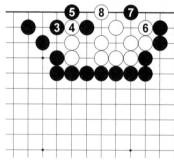

失败图2

失败图2（捉襟见肘）

黑3二路跳渡，手法有所改进。

但白8一路尖巧手，盯着两边黑子，使黑捉襟见肘，白还是净活。

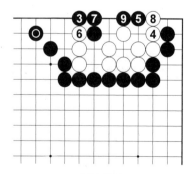

正解图

正解图（炫耀）

黑3尖、黑7接都下在一路，那是低调的炫耀，谁叫咱有黑●子强力支援呢？

左侧没有更多的利用，白就拿黑5点入没办法，自然也就被杀。

第 65 题

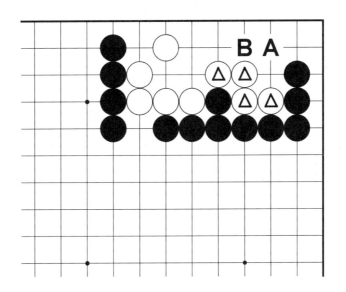

问题图（切肤之痛）

白棋边上看似眼位不小，黑A尖则白B挡，这种试探无法得手，是因为如此轻描淡写的进攻过于保守，白△四子感受不到切肤之痛。

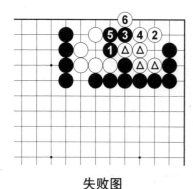

失败图

失败图（保守和激进）

与之相反，黑1直接断到里面就过于激进，白2尖扩大眼位，黑1一子难以脱身。

黑3扳暗藏杀机，白4团防守到位，这一回合的交锋让黑闻到了血腥味。

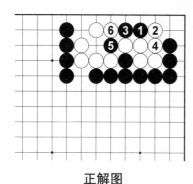

正解图

正解图（中庸之道）

结合前两种攻击手段于一身的黑1夹，深合中庸之道。

因退缩眼位会不够，白2、4只好反击，黑5终于争得梦寐以求的断，白6也断，然后——

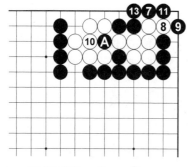

正解图续　⑫ = Ⓐ

正解图续（公事公办）

黑7滚打至黑11打的进程，大家也就公事公办，谁来下都一样。

白12还粘，那肯定被杀昏头了，黑于13位接只不过为人厚道，不忍心脱先令对方太丢面子。

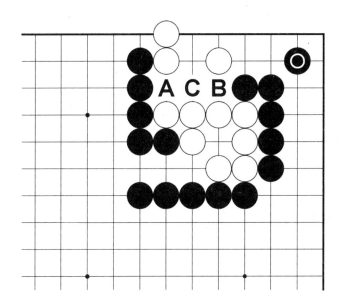

问题图（呐喊助威）

看到自己下A、B、C都是先手，白边上眼位甚为脆弱，黑自信满满，加上黑●子在旁一直呐喊助威，黑决定即刻出击，不获全胜决不收兵。

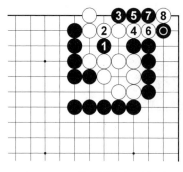

失败图

失败图（看热闹）

黑1先点，白2必挡，3位的急所就如此暴露于光天化日之下，黑如何忍得住？但行至白8扑，刚才还在喊加油的黑●子马上发表声明，我是看热闹的。

从未见过如此厚颜无耻之子！

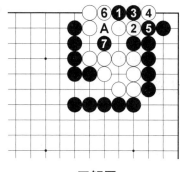

正解图

正解图（保留）

保留变化的黑1单托是好棋，白2黑3自然，白4只好扳。

如此黑5先手断打，黑7再点，瞄着A位挤，白边上终成假眼。

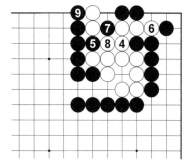

变化图

变化图（节奏）

白4若接右边，黑5从左边冲，节奏感不错。

白6挤企图老调重弹，黑哪会上当，按节奏白走右边，黑7就左边挖，并以黑9吃倒扑奏出最高音。

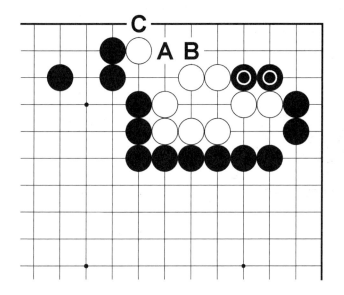

问题图（障碍）

黑A、白B、黑C的打劫次序，黑不满，决心净杀白。

黑●紧气二子头是进攻的最大障碍，如能充分顾及此点，进攻才不会后院起火。

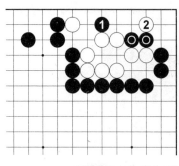

失败图1

失败图1（反问）

黑1托本是左右逢源之妙筋，问白从哪边应。但如前言，别忘记黑●紧气二子头的弱点。

白2夹是针锋相对的反击，反问黑从哪边应。为保持图形美感，恕不摆出以下变化。

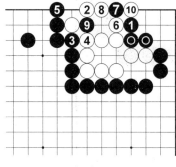

失败图2

失败图2（后院起火）

黑1立，一边进攻，一边小心翼翼地保护自身弱点。白2倒虎是唯一的抵抗，黑3以下杀得性起，不料至白10提，黑角明显后院起火。

黑7单下9位扑固然可成劫杀，但绝非黑之所愿也。

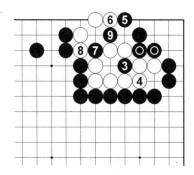

正解图

正解图（措手不及）

黑这次学乖了，黑3扑制造气紧，再黑5小尖步步为营推进。

待白6顶，黑7、9挤挖加快节奏。杀了白个措手不及。

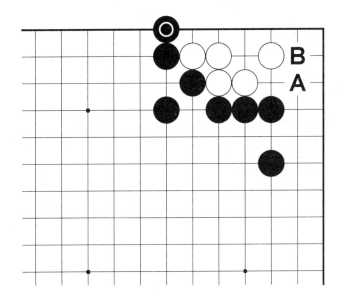

问题图（丢人现眼）

虽然说看到了黑●子硬腿，但这个白角居然会因此而被净杀，连打劫都混不上，还是令人意外。

像黑A白B这种羞羞答答的骚扰手段，就不拿出来丢人现眼了。

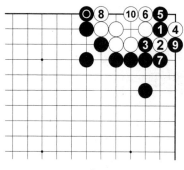

失败图1

失败图1（啼笑皆非）

黑1靠不可不谓手筋也，典型的制造气紧而攻之。

当黑7打眼看就要成功时，白8硬挡扩大眼位，主动靠黑●子硬腿上而撞气，但黑还就拿它没办法，真是啼笑皆非。

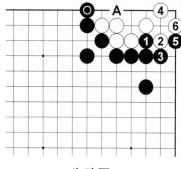

失败图2

失败图2（深受刺激）

黑深受刺激，撕掉温文尔雅的外衣，于1位挤，手法粗鲁目的明确，我有黑●子硬腿，马上要A位托破眼。

白2扳，黑3挡失去机会，白4虎得以劫活。

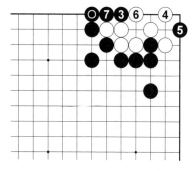

正解图

正解图（进行到底）

黑3托将粗鲁进行到底，连打劫的机会都不给对方。

对于白4虎的抵抗，黑5点将攻击进行到底，当然不会错过全杀的机会。

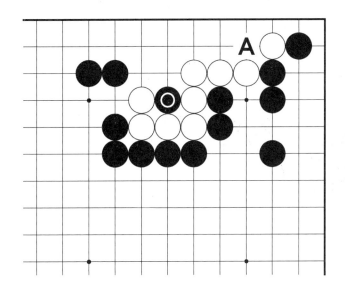

问题图（事半功倍）

黑打拔A位一子的进攻方向首先被否定，这是在送活。

黑在破眼过程中，若能顺手引出黑●子，则有事半功倍之奇效。

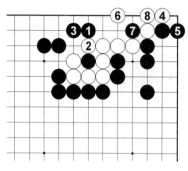

失败图1

失败图1（啼笑皆非）

黑1从左边飞是俗筋，白2单提则是俗手，黑3退后，白已难以善后。

知耻而后勇，白4扳拼命，而黑5居然立，企图避开劫争，白6跳妙手成活。双方错进错出，令人啼笑皆非。

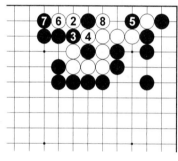

失败图2

失败图2（止血良药）

白2跨是业余1段也会的手筋，不值得炫耀。

倒是黑5值得一提，既然无法杀棋，作为止血良药，如此定型目数便宜。

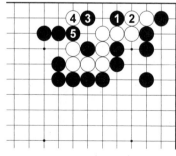

正解图

正解图（报废）

黑1靠在白棋柔软的腹部，中心点是要害。

白2必接，黑3再飞，白4跨的手筋已经被报废，因为白6实在不知如何选择。

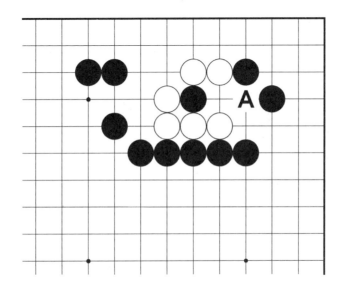

问题图（细节定成败）

白棋中间已经有一只铁眼，对白边上眼位，黑棋进攻的路线是关键。
请注意，黑棋A位团是先手，这个不起眼的细节最后决定成败。

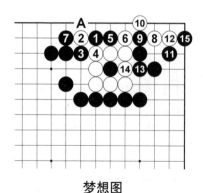

梦想图

梦想图（错进错出）

黑1从左边飞不好，虽对白5位挡准备了A位一路倒尖的打劫手段，但这个错误却诱发了白2跨的假手筋。

黑5爬完全在白的计算之外，如前所言，黑13先手团成为净杀之关键。

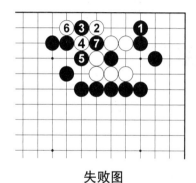

失败图

失败图（势在必然）

黑1从右边立看似稳当，其实也不行。

白2二路小尖巧手，黑3只能尖顶，如此白4挤后，双方展开劫争，势在必然。

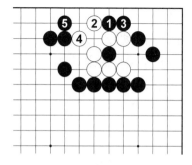

正解图

正解图（简明）

和上一题类似，左边不行右边又不行，灵机一动的黑1中间托就是正解。

白2如扳左边，黑3退后，杀法很简明；白2若下3位冲，黑下2位退回，还原成梦想图，故不再重复。

劫之部

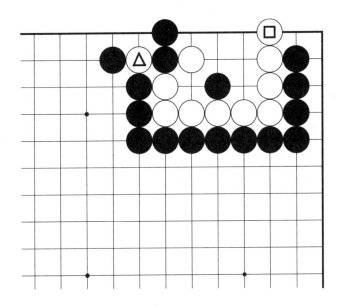

问题图（拖后腿）

白空里已经被点入一颗黑子，还轮到黑下，杀棋还是问题吗？

其实呢，白△子的存在很讨厌，使黑的攻击被拖后腿，无法一气呵成，更何况右侧有白□子硬腿。净杀只是传说，打劫才是现实。

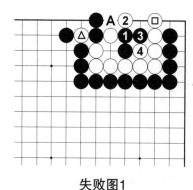

失败图1

失败图1（不思进取）

黑1夹必然，白2扳反抗，黑顿感A位不入子的痛苦。慌乱之下，黑下3位直接占眼形要点，那是不思进取。

白4挤防止黑团做聚杀，形成双活，黑显然失败。

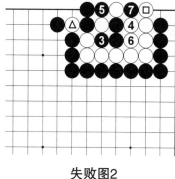

失败图2

失败图2（心里不安）

黑3断有进取心，白4、6反打抵抗，此时白□子硬腿的作用也得以体现，黑7提成打劫。

但若白劫胜，白先把黑三子吃在肚里，再把另三子含在嘴里，黑打劫有负担，心里不安。

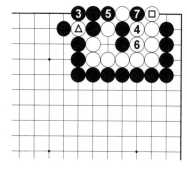

正解图

正解图（悠闲自得）

黑3提吃白△子是冷静的一手，断绝祸根。看似停了一手，但白空里面照样是打劫。

这个劫完全在白空里面进行，黑棋是吃瓜观众，悠闲自得。

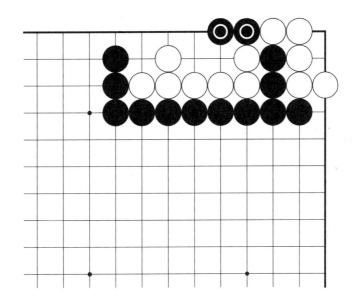

问题图（玩的就是心跳）

白角端眼位牢不可破，而边上眼位悬而未决。黑肯定要出动黑●两子，和白纠缠。

玩的就是心跳，拼的就是胆量——要玩，就要玩大一点，多送对方几子。

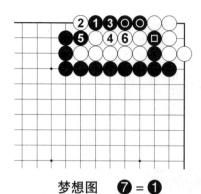

梦想图 ⑦ = ❶

梦想图（悲剧）

黑1一路托，白2打一头掉进坑里。黑3接后，白已无法回头，只好下4位打死黑四子。

黑5断打，可怜白6虽然提了四个子，但被黑5和黑■子两边卡住，黑7扑后，白居然没有一只眼，悲剧啊！

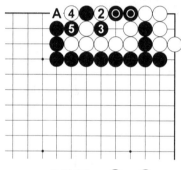

失败图 ⑥ = ❷

失败图（1又2/3目）

白2扑反击，待黑3提，白4再打。黑5断打成劫，但不够细腻，如劫负，不谈厚薄，单说被白多了A位冲的先手官子，就亏了1又2/3目。

黑倒在了最后一步，古人诚不我欺，行百里者半九十也！

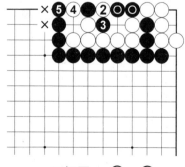

正解图 ⑥ = ❷

正解图（精益求精）

黑5打在一路，精益求精。

这样即使劫负，外围已经堵得严严实实，超级厚实；而且就目数而言，多了×处两目，扣除白多出来的1/3目，这就是上图所说的1又2/3目。

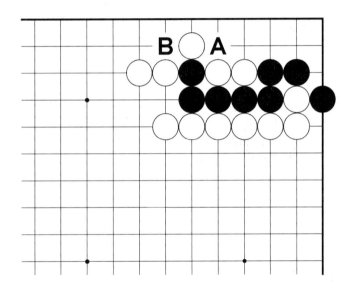

问题图（希望之火）

角上空间如此狭小，让黑几乎已经绝望。

白的断点使黑棋重燃希望之火，但如果只看到A位断点，而忽视B位断点，那么劫活还是一种奢望。

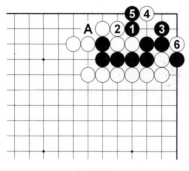

失败图1

失败图1（领会）

黑1打吃大大咧咧，而黑3曲虎则富有心机。白4、6点扑，避开小陷阱，净杀黑角。

白4若下5位打吃，则黑下4位而成劫。故本图有助于加深对问题图中提示的领会——白有两个断点。

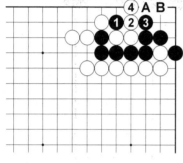

失败图2

失败图2（棋逢断处生）

不断不成棋，黑1闭着眼睛也要断上去，白2打没有选择权。

黑3再打错误，白4选择立而不是提，因立给黑留下没用的A之先手，而提则给黑提供有用的B之先手，虽只是半先手。

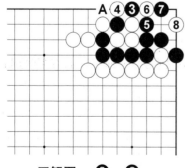

正解图　❾＝❸

正解图（半先手）

黑3、5连续反打，白4、6连续提子，要想杀黑，打劫不可避免。

本图黑7（即上图B位），因威胁要打劫，故有先手意味，但白未必怕，打劫就打劫，谁怕谁，所以叫做半先手，以此和绝对先手相区别。

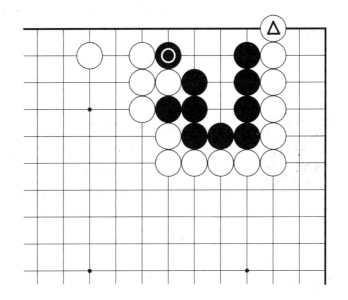

问题图（屋漏偏逢连夜雨）

黑边上一块棋形势严峻，左侧黑●子随时要被白棋干掉，而右侧又有白△子硬腿，真是屋漏偏逢连夜雨。

值此危难之际，需要特殊的方式来求活——不走寻常路，这不就是打劫吗？

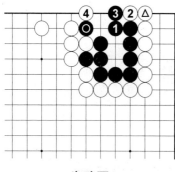

失败图1

失败图1（硬腿威力）

一说打劫，马上会先想到二路曲虎，并且自行脑补了如下画面——白一路打，黑反打，简单成劫。

但白△子硬腿威力实在大，白2从右边简单一冲，待黑3挡，白4再从左边打吃，说好的打劫呢？没了。

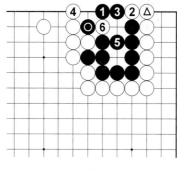

失败图2

失败图2（逃不过）

黑1虎是常见的做眼手法，白棋以下的进攻手段不可谓不精彩。

白2、4冲了立，静观黑棋动向。

苦于气紧，无法团扩大眼位，黑5做小眼，逃不过白6扑的致命一击。

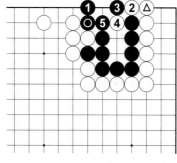

正解图

正解图（索性）

黑1索性立下，最大限度扩大眼位，静待白来冲击。

白2冲，黑3挡一门心思就是扩大眼位。白4断打，黑5反打成劫。

黑步步最狠，终于为自己争得一线生机。

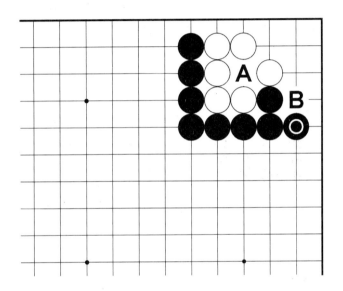

问题图（梦想）

白在A位已经有一只眼，而黑●子的位置有点古怪，对白角的威胁不够大。

如果黑●子能悄悄地挪到B位，那该多好啊。梦想还要是有的，万一实现了呢？

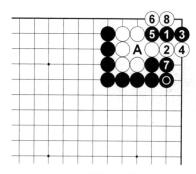

失败图

失败图（废子）

黑1点入必然，白2拦断，也没得选。黑3先立，黑5再卡，意图很明显，是要破掉白A位之眼，可惜被白8抢先一步干掉，真是出师未捷身先死，长使英雄泪满襟。

此时很清楚，黑●子沦为废子。

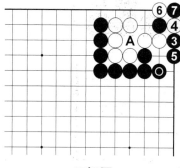

正解图

正解图（负担）

黑3扳，在思路正确的前提下，完善了技术细节。

白4扑最强抵抗，黑5退正确，如下7位提，则白下5位打，黑打劫负担变重。

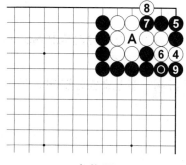

变化图

变化图（强制紧气）

上图的黑3是强制紧气手法，若白4单打，黑5赶紧接上，白6也接时，一头撞上了黑●子，黑7、9挤了打，破眼成功。

第 6 题

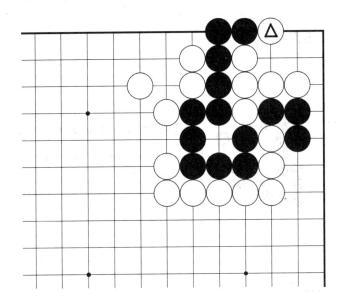

问题图（焦点）

右边的对杀关系着左边一串黑的死活，本题的逻辑前提是白不能让黑棋净活。

双方争夺的焦点是白△子，确切地说，是黑能否完整地吃子成眼。

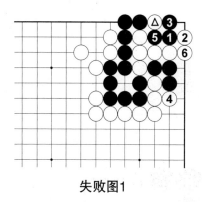

失败图1

失败图1（自然）

黑1点二·二是眼见的急所，白2扳是很自然的一手，至白6接，很自然地下出金鸡独立。

如前所言，单单吃掉白△子于事无补，黑棋的进攻无功而返。

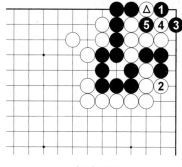

失败图2

失败图2（越来越近）

黑1、白2都是坏棋；黑3、白4都是好棋。

白2应该下在黑3的位置，如此还原成上图。

本图的价值在于，我们离正解越来越近了。

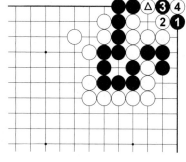

正解图

正解图（小猪嘴）

黑1抢占一·二位是急所，因不能被黑二路冲吃白△子，白2必挡，黑3扑入即成打劫。

一·二位点优于二·二位，正是小猪嘴型的知识点。

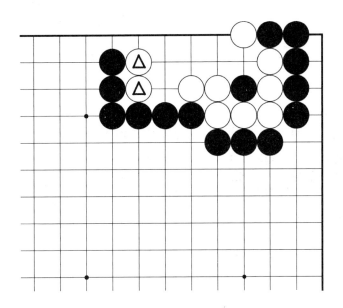

问题图（两边气紧）

一眼可见，左边白△两子是紧气二子头；看了再看，右边白气也好不到哪里去。

如能充分利用白两边气紧的缺陷，看似宽广的白地，也会在黑的冲击下摇摇欲坠。

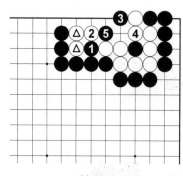

梦想图

梦想图（老鼠偷油）

黑1冲漫不经心，白2挡不以为意，待黑3打，白猛然惊醒，悔之晚矣，白空里被做出了老鼠偷油。如前所言，白棋右边也有气紧的缺陷。

当然，黑1不是好棋，因白2可下5位退，即可安然无恙。

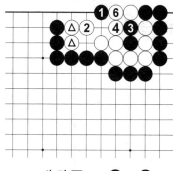

失败图　**❺**=**❸**

失败图（次序）

对白△紧气二子头这种结构，黑1点是常用手段，白2只能愚形曲阻渡。接下来黑3、5连扑，也是冲击白右边气紧的常法，白6接而不提，破掉了黑的打劫计划。

黑之失败，在于次序错误。

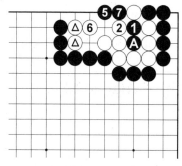

正解图　**❸**=**❶**　④=**Ⓐ**

正解图（定型）

黑1、3连扑，先在右边定型是正确的次序。

待白4提，黑5再点，白棋只能接受劫活的命运。

如白4接在7位，则黑下6位夹，白整体气紧而被净杀。

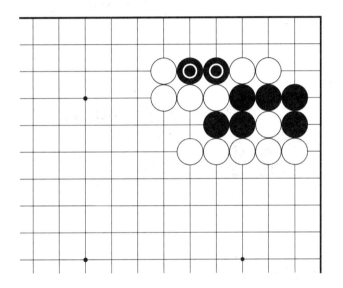

问题图（技巧）

救出左边黑●两子是奢望，做活右边黑七子有希望。

对黑●两子，黑当然要运用收气吃的技巧，为活棋创造条件；而简单的收气吃，自然称不上技巧二字。

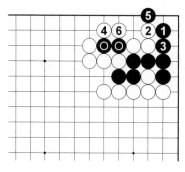

失败图

失败图（想当然）

黑1跳入是想当然的下法，认为白棋不敢冲；白棋不是不敢冲，关键是不用冲。

白2贴的棋形稍显古怪，是为了和后图对比。黑3、5先手逼迫白收气吃，还不足以谋活。

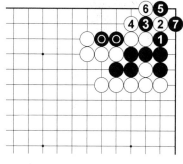

变化图

变化图（一气呵成）

黑1拐，待白2扳，黑3、5断了反打，成劫手段一气呵成。

但白2若于3位退，黑所谓的一气呵成，就一口气接不上了，看看失败图就知道结果了。

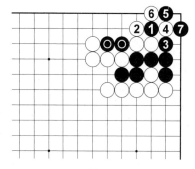

正解图

正解图（失败是成功之母）

失败是成功之母，在围棋中就体现为敌之要点我要点。

黑1抢到双方必争的要点，白2显然不能于3位冲。如此最后的棋形就是上图中的打劫，次序不同而已。

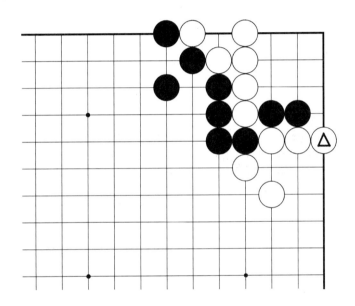

问题图（慎之又慎）

　　角上黑白对杀中，外围的白△子硬腿就像草丛中潜伏的老虎，冷冷地盯着黑棋，一旦黑露出破绽，它会马上扑上去猛咬一口。

　　黑往角端前进的步伐请慎之又慎。

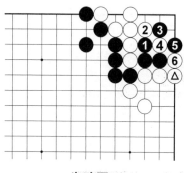

失败图1

失败图1（一口）

黑1愚形贴紧气，很难想象这种笨拙的手段会成功。

白2挡，待黑3扳，有白△子硬腿在，白4、6扑打成立，黑被老虎咬了一口。

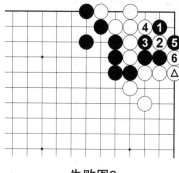

失败图2

失败图2（又一口）

黑1跳棋形漂亮，很有手筋的感觉。

但白2挖紧紧缠住，至白6打，白△子硬腿作用历历在目，黑又被咬了一口。

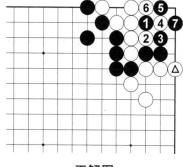

正解图

正解图（纠缠）

黑1靠在白棋墙壁上，给人以新奇感，其实也是被白△子纠缠得没办法，所以反过来去纠缠角上白棋。

白2冲、黑3挡均属必然，对白4断打，黑5、7深得纠缠的秘诀，成劫是早就计算好的手段。

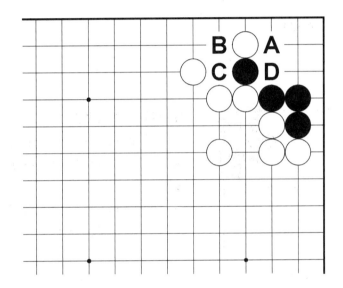

问题图（整理）

第一手很简单，黑A扳和白B退做交换，就是整理下棋形。

不可能期待白先在C位打，如此帮助黑补好了D的缺陷，题目难度系数急剧下降。相信本书的读者，都不会犯这个错误。

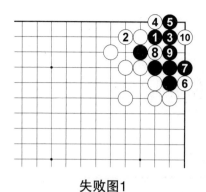

失败图1

失败图1（脆弱）

黑3并在二·二位，是角上常见之要点，分割上下两个空间，形状看起来也舒服。

但被白4、6、8从三处轮番缩小眼位，黑角显得意外脆弱。

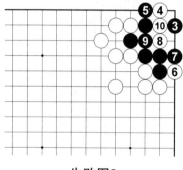

失败图2

失败图2（断头曲四）

黑3跳在一·二位，也是角上常选之点，如此赫赫有名的要点，不需要再做隆重介绍。

但被白4、6、8从三处点加缩小眼位，黑成断头曲四而亡。

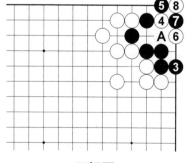

正解图

正解图（人不可貌相）

黑3立只此一手，白4夹、黑5扳都是常规操作。白6尖后成劫，此手如下A位，则黑下6位也是成劫，但白目数损味道坏，不可不察也。

黑3愚形立，符合扩大眼位的下棋道理，也符合人不可貌相的人生哲理。

第 11 题

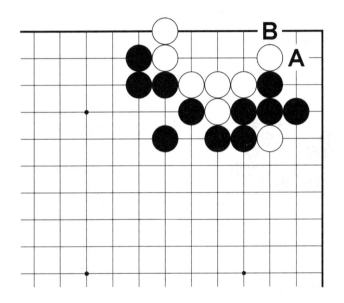

问题图（缘分）

　　按理说这是边上的未成型板六，但本型不仅靠近角端，而且和角端板六超级有缘分，将本型整体向角端移动一路，答案不变。

　　怎么理解未成型这个字眼呢？只需下黑A扳和白B立交换，这样就凑白棋变为成型板六，净活无疑。

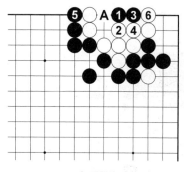

失败图1

失败图1（盲点）

黑1点三子正中,轻易不能否定。

但白4愚团是盲点,挫败了黑3先手灭眼之意图,至白6打,因为白角端留有眼位,黑进攻宣告失败。

黑1如下3位斜点,白于4位接即可还原本图。

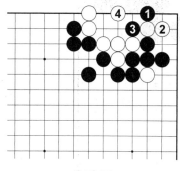

失败图2

失败图2（失之急躁）

对死活常型熟悉的读者,根据问题图中的提示,就会想到黑1夹。

白2只能长,但黑3断失之急躁,白4跳后,黑期待的打劫并未出现。

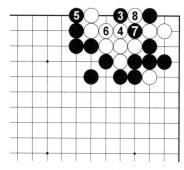

正解图

正解图（抑扬顿挫）

激烈的黑1夹后,辅之以悠然的黑3、5,最后用黑7扑奏出最强音,深合抑扬顿挫之韵律。

过程中,黑5挡先手便宜目数特别舒畅,减轻了打劫的负担。

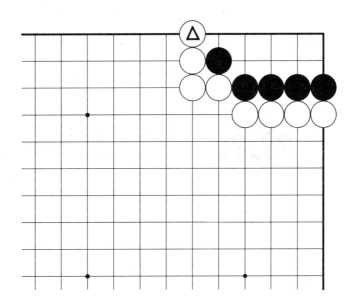

问题图（未成型板八）

黑角可以视为未成型的角上板八，但不仅口子没封上，外面还有白△子硬腿，怎一个惨字了得！

还必须注意到，黑角还整体气紧，谋活过程中务必要警惕此点。

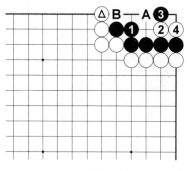

失败图1

失败图1（整体气紧）

黑1二路接，自认为空间这么大，混个劫活总是有的。故对白2靠，黑3夹有板有眼，算好了白下A位打，自己再下4位打劫。

但白4长突出了黑整体气紧之弱点，无法在B位挡是黑失算之处。

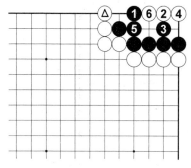

失败图2

失败图2（留点悬念）

黑1虎柔软，优于上图的接。但白可于2位点，对黑3顶，白4、6以两个长杀黑。

虽然被杀，黑5团胜于下6位顶，如此被扑杀，不如这样留点悬念。要知道实战中，盘角曲四未必是死棋。

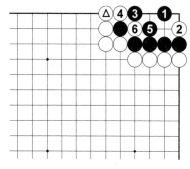

正解图

正解图（苦心的次序）

黑1先占一·二位要点，待白2点入，黑3再虎，苦心的次序。白4打时，还是苦于整体气紧，黑5做劫正解。

如此脆弱的防线，能够争取到打劫的机会，黑可以满意。

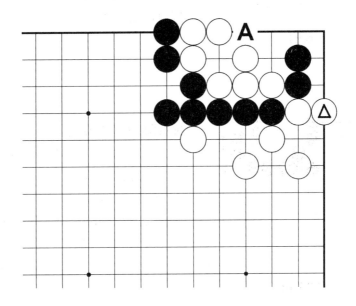

问题图（心中不安）

角上对杀的问题，傻数气自然是黑棋气长，但实际操作时情况千变万化，否则何来对杀紧气长气技巧之说。

何况，白有眼是其有利之处，A位虎口也使黑紧气颇为不便，更有外围白△子硬腿，令黑心中不安。

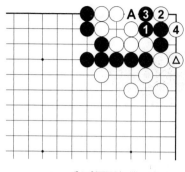

失败图1

失败图1（期待）

黑1紧紧挨着白紧气，略显笨拙，心中期待着A位扑劫。白2、4托扳使出紧气的手筋，果然，又是白△子硬腿起了作用。

黑5不好意思再继续，提了也是假眼，毫无用处。

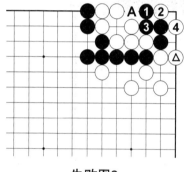

失败图2

失败图2（不变应变）

黑1一路小尖，有股机灵劲，盯着要下A位打假眼。气人的是，白2、4不变应万变，白△子硬腿照样起关键作用，黑根本没有机会下A位打。

黑3若提，倒是可以做个双活。

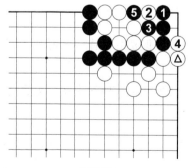

正解图

正解图（硬腿对硬腿）

黑1立落落大方，以硬腿对硬腿。白2以缓气劫抗争，是穷途末路之际的无奈之举。

回头再看白△子，前面两图大显身手，现在无所事事，颇有落寞之感。

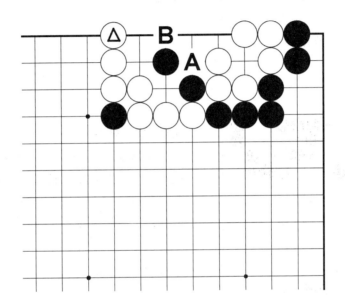

问题图（价值判断）

　　边上对杀的问题，有似曾相识的感觉？对了，你没看错，本题是上一题的兄弟篇。故不加其他说明，只是提醒读者，本题考察重点是价值判断问题。

　　先去掉一个最差解答，黑A则白B托，请参照上题。

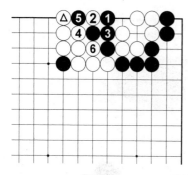

失败图

失败图（复习）

就当复习上一题，黑1一路小尖，照样会遭到白2扑的妙手回击。

黑5提撞上了白△子硬腿，白棋不屑于打劫，于6位紧气就是有眼杀无眼。

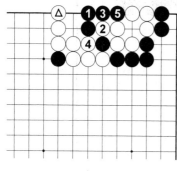

正解图1

正解图1（局部）

正解还是黑1立，对白2打吃的抵抗，黑3就若无其事挺入，白4、黑5各行其是，黑白双方吃通回家，和平解决，白得先他投。

若非白劫材相当有利，这是局部比较合理的下法。

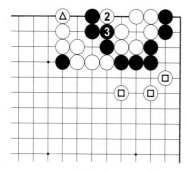

正解图2

正解图2（全局）

对黑1立，白2尖反应强烈，以缓气劫抵抗，这是基于全局的考虑。

为方便说明问题，特意增加了白□三子，如此黑角不活，更能彰显白2抵抗的价值所在。

第 15 题

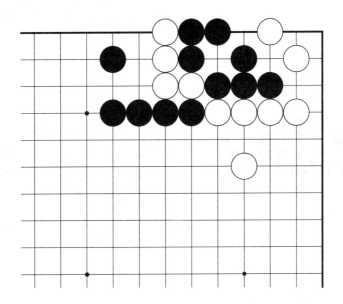

问题图（似曾相识燕归来）

    白一路子尖，紧盯黑棋眼位，如果粗粗一看，就以为本题和前面两题一样，赋上一曲似曾相识燕归来，那就考考你，前面一句是什么？

    请不要放弃，深入计算，结局会有豁然开朗的感觉。

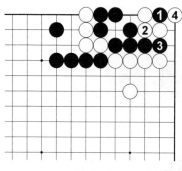

失败图

失败图（无可奈何花落去）

黑1扑是前面两题中的手筋，白提则撞上一·一位，等于撞到前面两题中的白△子，故白2接正应。

黑3冲自信满满，但白4提使黑无从紧气，深深体会到似曾相似燕归来前面一句，无可奈何花落去的苦涩。

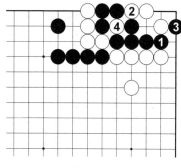

正解图

正解图（山穷水尽疑无路）

黑1先冲，全然不顾被白2打吃假眼，黑3扳，被白4提。

对局者自是胸有成竹，而旁观者却认为黑在胡乱行棋，已经到了山穷水尽疑无路的境地。

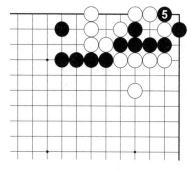

正解图续

正解图续（柳暗花明又一村）

黑5扑，只要劫胜，黑白两块棋生死顷刻颠倒。

欢迎收看本次中国诗词大会，让我们以柳暗花明又一村作为大结局吧！

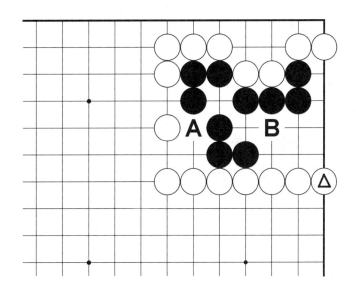

问题图（无从抵抗）

黑中间一只后手眼，局面的焦点是在边上做出先手眼。

黑如直接在A位做眼，有白△子硬腿在，白B位破眼粗鲁而有力，黑无从抵抗。

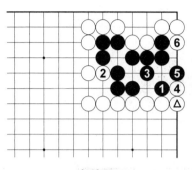

失败图（畏惧感）

一时想不出好办法，黑1硬生生靠上去，企图做个打劫活。白不为所动，于2位破掉黑中间眼位。黑3以下的折腾，无法在边上做出两眼。

对白△子硬腿的威力，没有畏惧感是不行的。

失败图

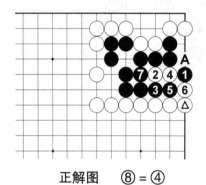

正解图（避开）

黑1尖，避开白△子硬腿，深谙棋理。而且黑1还有个名字，叫做虎，留好了A位一眼。

白2点入破眼，送吃两子后，白8扑，企图让黑A位成为后手眼，那么黑——

正解图　　⑧＝④

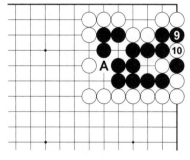

正解图续（无人理会）

黑退无可退，下9位选择打劫，成为唯一的抵抗手段。

颇为幽默的是，因为下面战况太过激烈，中间A位不再成为焦点，而无人理会。

正解图续

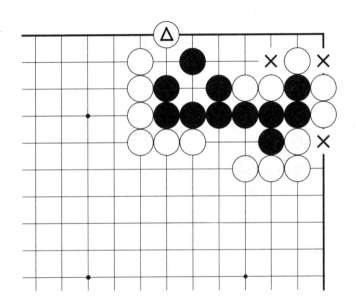

问题图（三个断点）

　　黑的任务很明确，就是在边上再做一只眼。

　　被白△子一路小尖盯着，黑棋犹如芒刺在背，浑身不自在；幸而白右侧有三个断点，是黑可资利用之处。若白不肯妥协，打劫是正解。

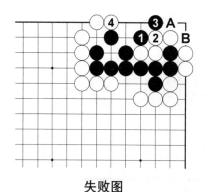

失败图

失败图（低级陷阱）

黑1打吃，白2粘补一个断点，黑3再扳盯着另外两个断点，这是给白挖个低级陷阱，白4冲简单杀黑。

但本题和打劫的缘分不浅，假设白4下A位打吃，黑5下B位扑，结果还是打劫。

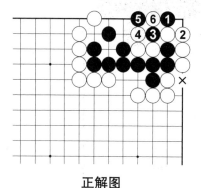

正解图

正解图（引而不发）

黑1夹一·二位，对白的三个断点引而不发，而紧紧纠缠之。白2粘在此处，降低打劫的负担，黑3断后形成劫争。

此时可以看到，假设没有×处这个断点，白2粘在3位即可化解。

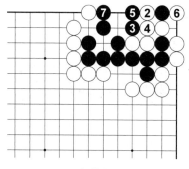

变化图

变化图（本意）

白2若打吃，自然可以摆脱黑的纠缠，但这是黑1夹的本意。

黑3、5顺势连打，黑7挡做活，黑也摆脱了白的纠缠。

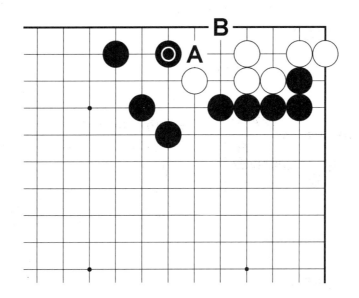

问题图（远了一路）

左边的黑子以跳、飞、尖，形成疏而不漏的包围圈。特别是二路上的黑●子，扎好马步摆好架势，准备对白角发动攻势。

遗憾的是，黑●子离白角远了一路——若于A、B等处徘徊，无异于隔靴搔痒；而点进去呢，又担心进攻的火力跟不上。

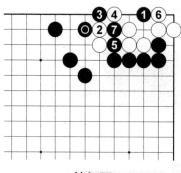

梦想图

梦想图（高级陷阱）

黑1点是不得不讲的变化，本身是明显的急所，而且给白挖了一个高级陷阱。

白2扩大眼位是很正常的思路，但黑3、5先扳再冲是好次序，白阵陷落。

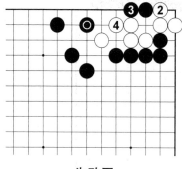

失败图

失败图（难以为继）

白换个思路，改于2位占要点，这是正应。

诚如前言，黑●子远了一路，黑3即使爬，被白4退后，黑进攻难以为继。

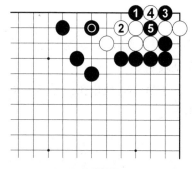

正解图

正解图（恰到好处）

远近都不行，那么黑1托距离感恰到好处，白2退防守到位，以下成劫正解。

白2若于4位打吃，那是一瞬间的错觉，黑1一子可以跑出来，也不枉黑包围圈疏而不漏之美名。

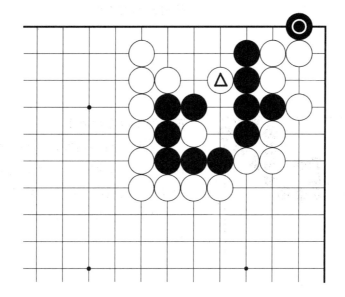

问题图（拽住）

本题可以看做吃子题，当然是高级吃子题，只要把白△子吃下来，活棋不是问题。

一望可知，白△子有角上渡回的后门，请激发黑●子的潜力，拽住白△子的后腿。

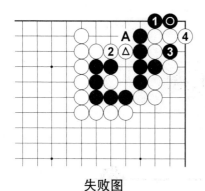

失败图

失败图（假见合）

黑1简单爬回，以为两边好点见合，可成打劫。但此手虽明于思路，但疏于计算，疏忽的就是白4立。

白2补棋选择接而不是A位挡，是意志的体现，坚决净杀黑角，连冲的劫材都不留给你。

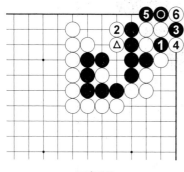

正解图

正解图（改变次序）

受到失败图启发，能马上想到黑1扑（即上图的黑3），也是运用思路的高手，这是改变次序的思考方法。

但这次别漏算了，白2下黑3位立呢？

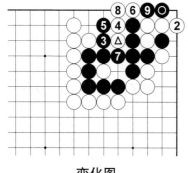

变化图

变化图（后门已关）

白2如立，黑就装作不知道，以下直线行至白8渡……

黑9扑，白猛然惊觉，后门已关。

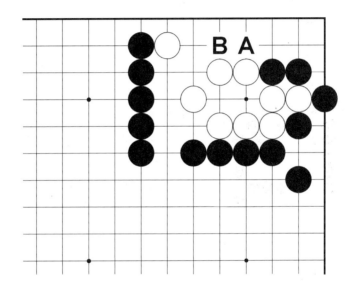

问题图（自身气紧）

如何破白边上眼的问题，因黑角端自身气紧，几种常用的攻击手段都将失败。

黑从右边A扳和白B挡交换，这手棋首先被否定，如此让白太轻松。

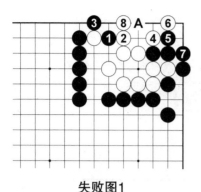

失败图1

失败图1（被看穿）

我们先来研究黑从左边1位夹，白2挡，黑3一路打富有心机。

但如前言，因黑气紧，白4、6连扳是先手，看穿黑意图，白8立成真眼。不能期待白8下A位，让黑有扑劫的机会。

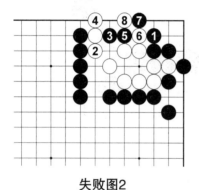

失败图2

失败图2（失察）

黑1从右边立是值得期待的进攻手段，但被白2挡扩大眼位而化解。

黑3靠入以为可以破眼，失察于白4可以立下。

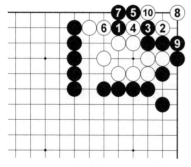

正解图

正解图（中间）

如此，黑1靠从中间突破成为唯一的选择，白2反靠的妙手极具观赏性，黑角端气紧的弱点始终被白棋盯上。

行至黑7接，白8也选择从中间突破，成劫是正解。

第 21 题

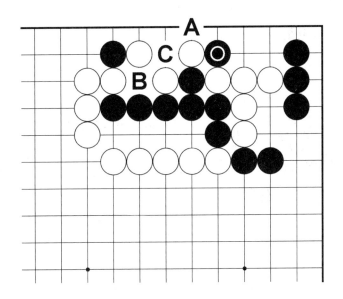

问题图（三打白骨精）

　　黑●子棋筋如果被吃，那其他都将归于空谈。黑所能依仗的只有A、B、C三处先手打，如果把C的扑也归类于打的话。

　　作为围棋原理，三处先手打轻易不可出手，用一次少一次；做为名著知识，三打白骨精也不能乱打，会被唐僧念紧箍咒的。

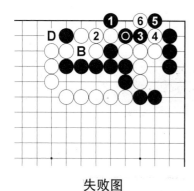

失败图

失败图（永远）

黑迫不及待，先于1位打吃，兑现上图A位之先手。然后于3位爬企图回家，但白4、6冲扑轻松化解。

永远无法走到黑B和白D的交换，黑●子也就永远无法回家。

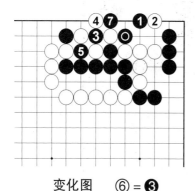

变化图　　⑥＝❸

变化图（天道酬勤）

保留种种变化的黑1单尖是本题的明星，白不肯让其专美，于2位跨是最强烈的反击手段，至黑7扑成劫。

对比问题图可以看到，黑把A、B、C三处都走到了，成功可谓天道酬勤。

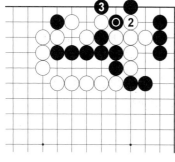

正解图

正解图（大道至简）

白2单打明智，黑3反打成劫。白虽有抵抗不力之嫌，却是明智之举，如此白打劫负担轻，且有二路接的本身劫材。

大道至简，说的就是如此吧。

第 22 题

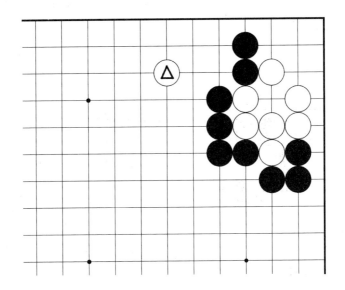

问题图（念念碎）

在黑进攻白角的征程中，三路断点一直在念念碎，算了，回来吧，自己危险。而外围的白△子也在念念碎，你别惹我兄弟，否则我对你不客气。

摊上这两个家伙，黑很无奈。

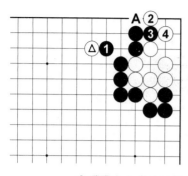

失败图1

失败图1（孙子兵法）

黑1单虎，自得于撞伤白△子，同时也开始了念念碎模式，孙子兵法云：先为不可胜，以待敌之可胜，但如此曲解会让孙武鼻子都气歪了。

白2跳秀了招官子手筋，请注意黑下A后手，白下A先手。

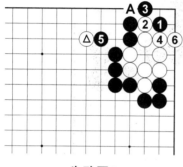

失败图2

失败图2（二选一）

黑鼓起勇气于1位跳，白2、4冲团后，黑三路断点被放大化。

黑5退缩，为提升白△子的活力，白6不扑而单立是苦心之手，黑在A位粘先手和角端1目棋中，只能二选一，望各位读者体会之。

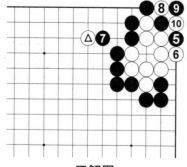

正解图

正解图（实战手）

黑5扳就是所谓的实战手，不顾形薄而追求效率最大化。

待白6挡，黑7回头虎补外围，而白角被如此折腾后，只能满足于打劫活。

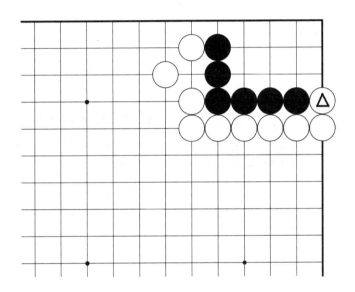

问题图（且战且退）

因黑角宽广，白棋不敢贸然点入，于△位冲稳扎稳打。即便如此，黑也感到浑身发冷，不好活啊。

经过计算，黑决定且战且退，以待战机。

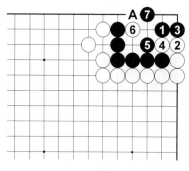

梦想图（一毛不拔）

黑1跳且战且退，还真诱发了白2长的失着。黑3赶紧挡，白4冲，黑5挡一毛不拔，白6点入，被黑7一路尖而化解。

黑7若于A位扳，白8于7位打则成倒脱靴。

梦想图

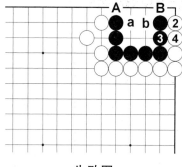

失败图（两边开口板六）

白2托必然，黑3接恶手，白4也接，黑被杀成边上的两边开口板六。

A—B、B—A，a—A、b—B，这四组字母组合，是当黑下前者，白下后者的杀法说明。

失败图

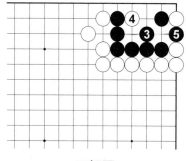

正解图（委曲求全）

黑3曲巧手，白4点不依不饶。我都"曲"了，你还不给我"全"，黑5愤然扑入。

打劫过程中令白心情愉快的是，渡过白4这个子是本身劫材，顺带还能减轻打劫负担。

正解图

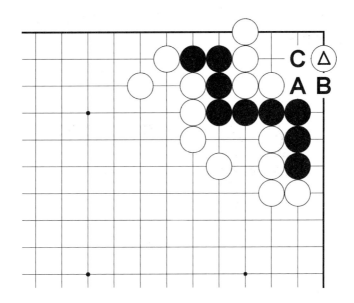

问题图（灵机一手）

　　白△子飞是灵机的一手，若于A位挡，被黑棋占到△位，白B则黑C，黑要在白大眼里面做小眼，已无对杀可言；白C则黑B，白处境有所改善，但还是气不够。

　　在后面的变化中，我们都能看到△子所占位置的重要性。

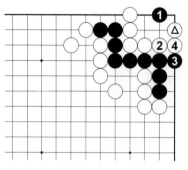

失败图1

失败图1（边上刀五）

冲显然不行，黑1直接点入，白2做大眼是对杀的要诀，黑3白4交换后，白眼里面有七口气，黑已无信心数自己气。

通常角上大眼气变少，但因白△子占要点，白角和边上刀五气一样。

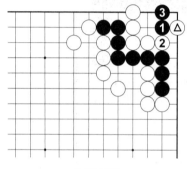

失败图2

失败图2（大丢脸面）

黑1跨正确，可惜黑3立又回到老路上，白△子闪闪发光，白还是边上刀五。

更使黑大丢脸面的是，白4居然可以脱先。

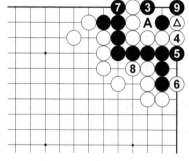

正解图

正解图（僵持）

黑3尖有韧性，算准了白不敢下A位打（自废武功变小眼），最终成劫。

实战中，黑3一出，局部双方可能暂时不下，成为僵持的局面，倒是和万年劫有相似之处。

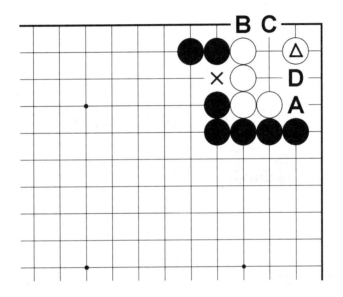

问题图（变形金柜角）

　　白△子普通于A位挡，则形成正宗金柜角，黑于△位点，形成劫争。
如图白于二·二位跳，形成变形金柜角，以此考察黑的算路。

　　顺便提一句，如果×处外气被堵上，则白△子跳不堪一击，按黑B
扳、白C挡、黑D跳靠的次序，白棋简单被杀。

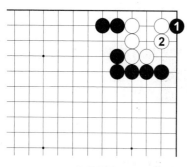

失败图1

失败图1（视觉效果）

黑1大飞托，视觉效果超炫。

但白对黑所期待的心知肚明，于2位冷静地一长，黑难以为继。

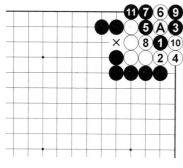

失败图2　⑫＝Ⓐ

失败图2（不给机会）

黑1、3靠了强行扳入，自是准备打劫，但白4立，根本不给机会。

现在即使×处外气被堵上，黑5以下的折腾，也只是给了白表演另类大头鬼的机会。请参见活之部第8题。

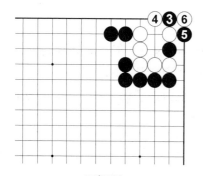

正解图

正解图（将渡未渡）

黑靠入之子将渡未渡之际，黑3一路夹，再做出一个将渡未渡。

白4只能用激烈的打吃来反抗，黑5反打，打劫顺理成章。

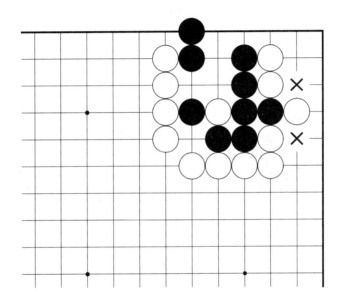

问题图（因粮于敌）

《孙子兵法》中有因粮于敌的天才想法，强调粮食可依靠敌人、就地取用。

黑边上一串眼形不够，局部不活，同样可以向白角寻求借劲，×处两个断点就是线索。

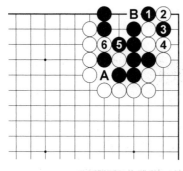

失败图

失败图（错觉）

黑1扳是错觉，以为可借打劫威胁白角。

但白2可以挡打，黑3断和白4接的交换并无作用。至6挤，白A、B两点见合，黑被杀。

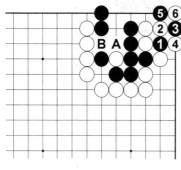

正解图

正解图（深入敌后）

黑1断深入敌后，充分体现了因粮于敌的战略思想。待白2打，黑3、5连扳继续纠缠，白6只有提，成劫必然。

一开始黑A提和白B挤交换后，再如本图进行，劫争不变，双解为本题失色之处。

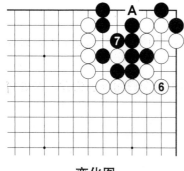

变化图

变化图（控制）

白6虎补断，避开劫争，不让黑棋得到A位的先手。但此后白再下A位扳，会被黑打吃接不归，也就是说，黑已控制了A位之点，完成了纠缠的战略目标。

黑7回头提子，已然是净活。

第 27 题

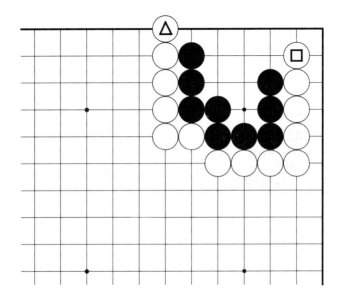

问题图（更加严峻）

本型类似于活之部第11题，同样有白△子和白□子的存在，同样黑阵两侧漏风。

不同的是，本型黑在边上，很难找到两边兼顾的好点，形势更加严峻。

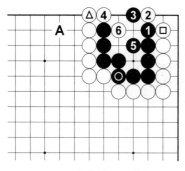

失败图1

失败图1（一模一样）

左边一路右边二路两个缺口，黑1挡在二路是感觉的一手，但没想到被杀得如此干脆。

值得一提的是，白△子挪到A位，去掉黑●子，白杀法一模一样，要诀是先从长的一边扳。

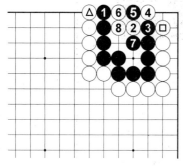

失败图2

失败图2（硬碰硬）

对应白△子硬腿，黑1挡做出硬腿，以硬碰硬的姿态迎战白2的跳入。

黑3、5、7冲扑挡，一顿操作猛如虎，却亡于不入子，非天意也，实乃计谋不足也。

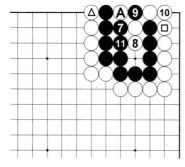

正解图　⑫ = Ⓐ

正解图（正式上演）

意识到被两侧的白△子和白□子贴紧气，黑7生硬的单打实属无奈，白8挺入，黑9提。

白10忙里偷闲接是得意之处，黑11打，白12提，劫争大戏正式上演。

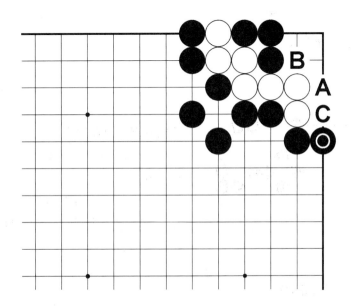

问题图（高调和低调）

有黑●子硬腿，黑A位高调之托是第一感，但因白B默默一退而失败。

我们不妨考虑下，如果黑第一手在C位低调地冲，会是何结果呢？

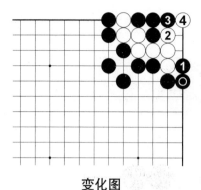

变化图

变化图（错对错）

黑1冲其实不是正解，却诱发了白2的错误，并激发了黑3拐送吃的强烈手段，白4提子后，请看下图——

白2正应是下黑3位靠。

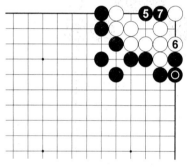

变化图续

变化图续（万年劫）

黑5点，白6被迫撞气做眼，黑7打吃成劫。

然后呢？没有然后了，这是一个万年劫，双方暂时搁置，有机会再发动。

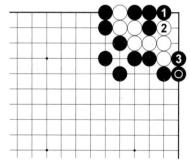

正解图

正解图（妙手登场）

有了前面的铺垫，黑1曲的妙手闪亮登场。待白2打，黑3再拐，这样的次序，白无从反抗。

后面的变化不再赘述，请参照前面两图。

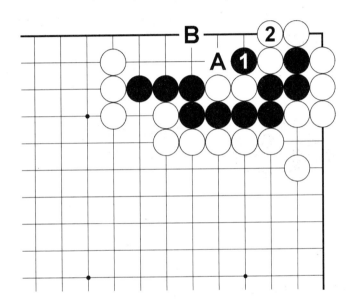

问题图（空城计）

黑1双打吃几乎是秒下，白2接，黑棋正要下A位提子，突然惊觉对方摆了个空城计，如此白B位大飞，黑就被净杀。

围棋对弈的计谋和兵法有很多相通之处，兵者诡道也，让我们一起来欣赏双方在此斗智斗勇吧！

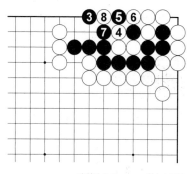

变化图

变化图（欲擒故纵）

黑3跳远远地扩大眼位，就等着白4跑，早就准备好了黑5一路滚打，原来这是黑的欲擒故纵之计。

白6单提失之简单，至白8提成劫，白不满之处在于，一旦劫负，白6所在的这个丁四还在黑的嘴里。

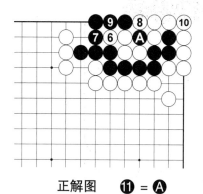

正解图　⑪ = Ⓐ

正解图（苦肉计）

吃亏是福，白6多送一子妙，施展苦肉计。

黑7、9次序可以颠倒，反正就是滚打，白10接，先减轻自身负担，不怕黑11提，因为白已想好应对之法——

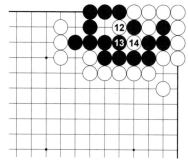

正解图续

正解图续（趁火打劫）

黑提子后，空里气紧而且有断点，白棋怎肯放过这趁火打劫的大好机会，于12位断打，黑13只能选择劫活。

3 劫 之 部

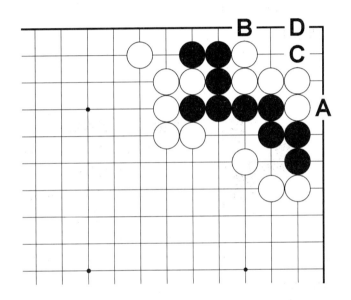

问题图（温故而知新）

如果作为死活题，对角上白，黑有A、B缩小眼位和C、D占要点，两大类四小项的杀法。

现在是对杀局面，黑D则白C，杀成盘角曲四，因黑自身不活，还说白局部是死棋就不好意思。那剩下三种如何呢？

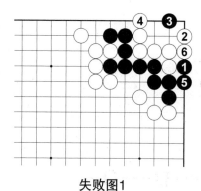

失败图1

失败图1（温故而知新）

黑1从这边扳，是味道最正的杀棋方法，强烈推荐在死活题中采用，但此时却被白2尖嘲笑为刻舟求剑。

请查阅第24题，温故而知新。

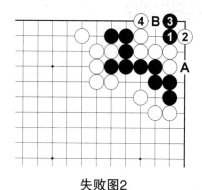

失败图2

失败图2（一错再错）

黑1靠、黑3立一错再错，沉溺于杀棋而不能自拔。被白4立做成大眼，黑还有勇气再下A位扳吗？

黑3若A位尖可成打劫，虽然不如正解图，请看下图——

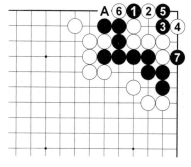

正解图

正解图（耳目一新）

黑1扳凑白2挡出虎口，令人耳目一新，行至黑7扳，就看到两手交换的作用了，白大眼由刀五降格为曲四。

以后黑A位打吃，白棋只能硬撑着不接，说是打劫，白棋太难了！

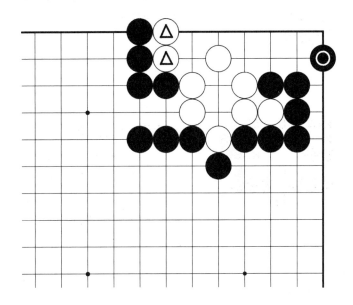

问题图（追究和期待）

又是破白三眼两做的问题，白中间后手眼无变，变化存在于边上眼位。

白△两子气紧的弱点值得追究，黑●子的接应作用值得期待。

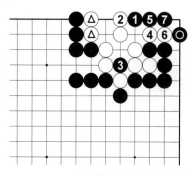

失败图

失败图（有进无退）

黑1斜飞显得冒进，白2挡，护住气紧弱点冷静，待黑3提，白4扳，黑5强行退回的结果，只不过演绎了一番有进无退的悲壮。

此时还可以看出，黑●子没能起到接应作用。

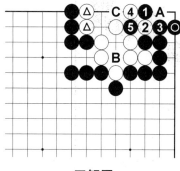

正解图

正解图（以退为进）

黑1跳以退为进，瞄着A位托，逼得白2、4主动迎上而成劫。

黑3若于A位退，表演以退为进过头了，如此按白B、黑C，白4还是打劫，但黑目数和厚薄反而失分。

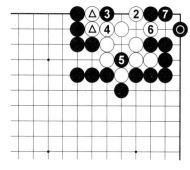

变化图

变化图（过于脆弱）

白2尖的抵抗，因如前所言的追究和期待，显得过于脆弱。

黑3先手灭眼，就是追究白△两子气紧的弱点；而黑7退成立，自是因黑●子的接应作用。

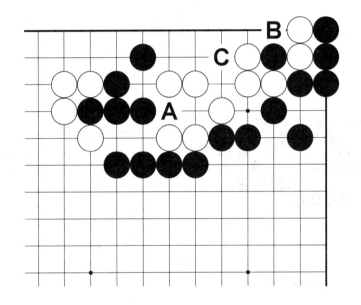

问题图（聚焦）

感觉白已经是三眼两做的活形，进攻非直击要点不可。

简单压缩就等于让白棋简单做活，例如黑下A位冲或者B位提，白C位做眼是看得最清楚的活法，因此，黑第一步的位置也被聚焦。

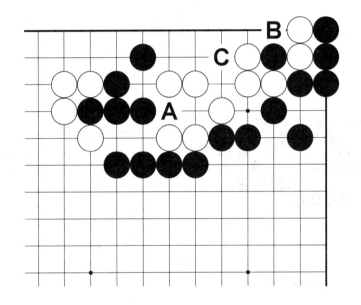

3 劫 之 部

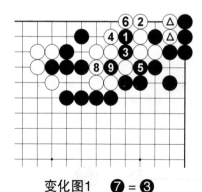

变化图1　❼ = ❸

变化图1（树欲静而风不止）

黑1点必然，白2不提而立，是想安安稳稳以三眼两做而活。

但树欲静而风不止，黑3、5挤打是先手灭眼的常用手筋，白最终还是得选择打劫，但白△两子在黑嘴里，目数已亏。

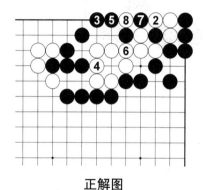

正解图

正解图（默契）

白2单提正应，白4也相当低调，而黑3、5两尖好次序，双方很默契地形成劫争。

黑3先尖右边则白4于3位跨，白净活；那白4高调会怎样呢？请看下图——

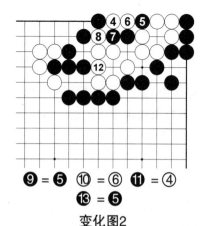

❾ = ❺　❿ = ⑥　⓫ = ④
⓭ = ❺

变化图2

变化图2（弄巧成拙）

白4跨企图化解黑的扑劫，但黑5扑入妙手，使白弄巧成拙。

眼花缭乱的互提后，至黑13再提还是打劫，但黑负担已经减轻。

3 劫之部

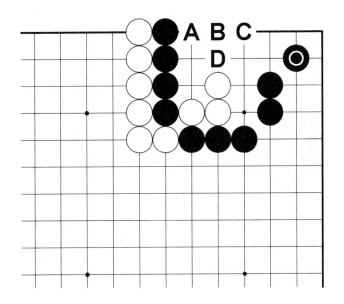

问题图（三选一）

黑左边四子和黑●子路途遥远，盘渡实属不易。

A位曲并、B位小跳、C位大跳，三个一路选点静待能者，而二路D位托，有降低本书读者平均智商之嫌，首先被踢出局。

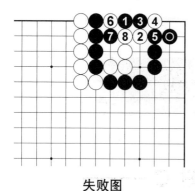

失败图

失败图（两头不讨好）

不偏不倚的黑1小跳，反倒是两头不讨好。

白2先尖好次序，待黑3爬，白4、6扳扑连续弃子，黑尾巴被割下，黑●子也是有心无力。

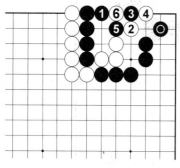

死活正解图

死活正解图（远山的呼唤）

黑1一路曲并，积蓄力量，对黑●子发出了远山的呼唤。白没有其他选择，只能于2位尖避其锋芒。黑3托，黑5挤，强行以缓气劫求渡。

这是原书的正解图，尽显手筋的力量。

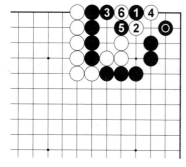

实战正解图

实战正解图（歧路亡羊）

笔者发现黑1大跳也可行，实战中诱使白歧路亡羊——如白2下6位靠则成紧气劫。

当白好不容易算出2位尖，企图还原失败图时，黑3曲并，即可还原成上图，并送给白深深的失落感。

第 34 题

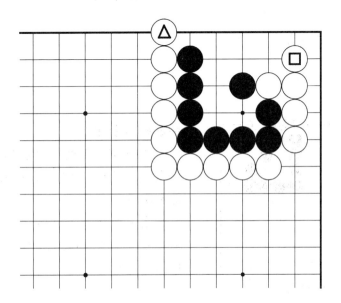

问题图（安得广厦千万间）

又是两边漏风的棋形，两侧的白△子和白□子，使得黑在边上做眼超级累。

安得广厦千万间的情怀就不提了，黑通过不懈努力，终于有了一套两室一厅的房子，并已向银行提出按揭申请，请看——

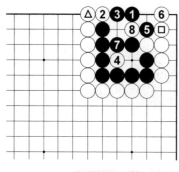

失败图1

失败图1（轮番进攻）

黑1跳在一路，比在二路立更加方便做眼。

但白从里外轮番进攻，黑气被撞紧，被白8扑结束战斗。

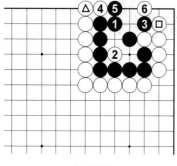

失败图2

失败图2（铺垫）

黑1曲是三眼两做的思路，但白2可点杀，因黑在边上做眼的愿望不可能实现。

这个变化本书读者可一眼看穿之，之所以堂而皇之登场，只为下图做铺垫——

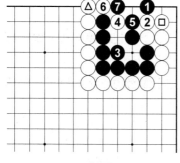

正解图

正解图（虚晃一枪）

黑1斜飞，其用意是诱使白二路扳，自己可顺势占到4位要点。白2团忍耐，虚晃一枪后，黑3转而走小眼要点，待白4点入，黑5冲后成劫。

黑弱弱地问白，劫材就算是还按揭贷款，行不？

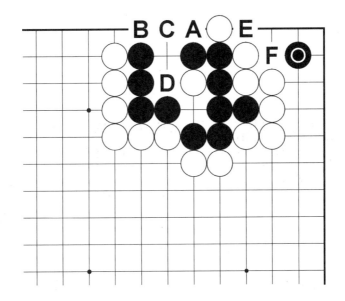

问题图（借助）

黑边上局部不活，如能借助角端黑●子的力量，方有希望。

第一步下A位打明显不能成立，按照白B、黑C、白D、黑E、白F的次序，黑棋简单被杀。

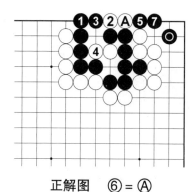

正解图　⑥＝Ⓐ

正解图（会师）

黑1立正确，采用诱敌深入的策略。

白2以下皆为必然，至白6扑，黑7长，黑如愿和黑●子会师，但是……

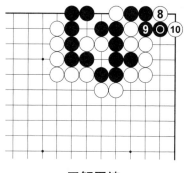

正解图续

正解图续（引狼入室）

只见白8下一·二位扑入，黑还不能提，只好于9位位接。白10再占一·二位，硬是做出一个打劫杀。

实战中，白如此操作要下很大决心，毕竟有引狼入室的嫌疑。

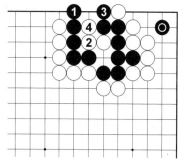

变化图

变化图（很没面子）

黑1立时，若白2多送一子，黑3挡打自然是欣然笑纳。

白如不甘心，于4位再冲，已经失去理智。且不说角上官子受损，单说杀棋做成后手双活，和活棋做成后手死，都是很没面子的事情。

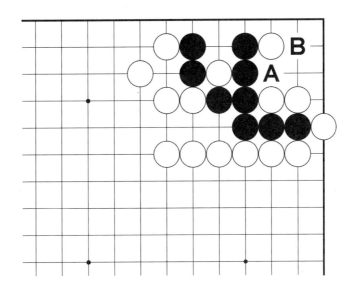

问题图（鸠占鹊巢）

白角上明显有缺陷，鸠占鹊巢虽然不厚道，黑为了活棋也顾不上了。

但黑如简单下A位冲，白可于B位退，黑再冲，就有打二还一等着它。

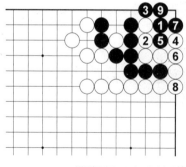

梦想图

梦想图（没有机会）

黑1夹、白2接皆属必然，黑3单渡稍有瑕疵，而白4居然用这种手段来糊弄，黑5、7连打都是绝对先手，黑9粘补活。

白6、8始终没有扑的机会，故而……

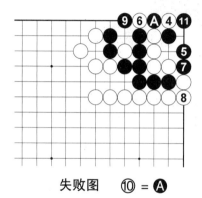

失败图　⑩ = Ⓐ

失败图（没有对比，就没有伤害）

白4扑反击是应有的态度，黑5尖是被逼出来的手段。黑9先手打定型，再于11位扑次序正确。

如白边上厚实，白8可以不接而强杀。而且没有对比，就没有伤害，请看正解图——

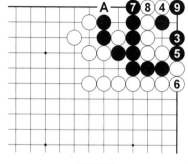

正解图

正解图（非常愉快）

黑不急于渡，先于3位尖手法细腻，不必担心被白4扳截断后路。黑7立先手定型后，再于9位扑成劫。

而多了A位立迫使白损目的本身劫材，黑心情想必是非常愉快的。

第 37 题

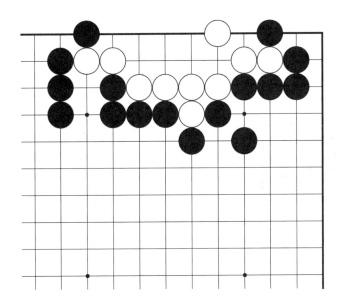

问题图（忙活）

黑第一步将点入进攻，用忙活来形容白棋的处境是非常贴切的。

为了活棋，白不仅要弃子，还要防止黑弃子，确是很忙。

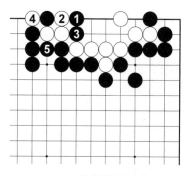

正解图（必须的）

黑1点入，白2断弃三子是必须的，黑3断打，白4提子也是必须的，漏了此手，这三子就不是弃子，而是被吃。

黑5叫吃时，白弃子任务完成，接下来就要……

正解图

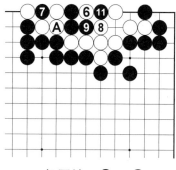

正解图续（没有对比，就没有伤害）

白不能于二路挡，于6位一路靠只此一手，黑7提，白8是柔软而有韧性的一手，就放任黑9打，白于10位断反击。

平静的水面下藏着什么变化呢？请看下图——

正解图续　⑩ = Ⓐ

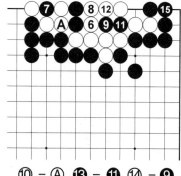

变化图（无法团眼）

白6、8挡只想完成自己的弃子蓝图，却不防黑也会弃子这招。

黑不顾左边空里有接不归，于9位点入，接着11、13连扑是我们熟悉的紧气手筋，至黑15粘，白因气紧无法团眼而亡。

⑩ = Ⓐ　⑬ = ⑪　⑭ = ⑨

变化图

第 38 题

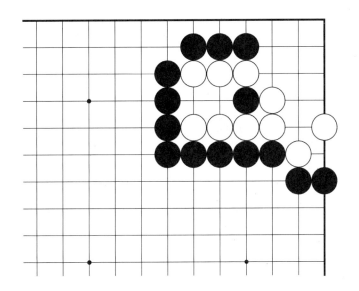

问题图（双刃剑）

黑固然有猛烈的打劫进攻手段，但白也不会束手待毙。

很多的猛烈都是双刃剑，白可设法加重黑的劫争负担，特别在实战中，这是个很好的威胁手段，使对方不敢轻易挥舞双刃剑。

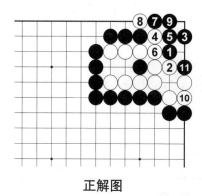

正解图

正解图（简约而不简单）

黑1飞入、黑3倒尖小手筋，白4以下做好准备工作，以便消劫时能一手提干净，手数虽长，实则单行道。

白10团，静待黑11扑入，简约而不简单，底下的算路可不少。

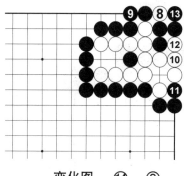

变化图　⑭ = ⑧

变化图（不忘初心）

重复前图说明，白4以下只是为了消劫干净。如果只因为看到有倒扑，白8、10转向进攻角上黑子，等于忘记了不忘初心的誓言，必然不会有好结果——

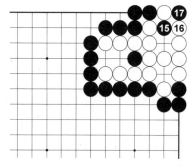

变化图续

变化图续（为谁辛苦为谁忙）

黑15断，白16只好反打，被黑17提，还是成劫。

同样打劫，白沦为后手劫，且目数已经亏损。对白8以下的这种操作，不禁要感慨，为谁辛苦为谁忙。

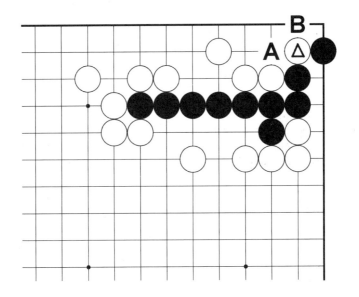

问题图（放大）

黑A则白B，直接吃掉白△子还不足以活棋。

白二路三路的小飞形和左侧的虎形，效率高的反面就是薄。而被逼到绝路上的黑方，唯有放大对方的弱点，才能为自身某活创造条件。

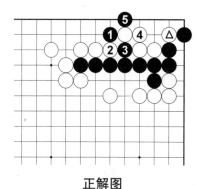

正解图

正解图（静待）

黑1、3跨断，在白看似固若金汤的防线上硬生生地撕开一道口子。

白4接必然，黑5扳，静待白棋出招……

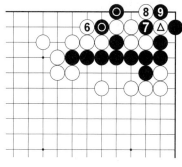

正解图续

正解图续（实战）

若非漏算或有侥幸心理，实战中白6补是常态操作。黑7、9连扑，绕了一大圈，目标还是白△子。

遇劫先提后，接下来白就会提掉黑●两子，以减轻劫争负担，这也是实战中必须注意的要领。

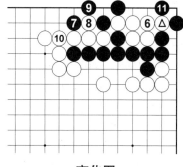

变化图

变化图（诘棋）

白6粘后的打劫变化是原书的正解图，明显白负担变重，可以理解为诘棋的特殊理念，展示双方最强变化，不计得损。

如前所言，白形效率高的反面就是薄，而被黑7靠充分利用之。

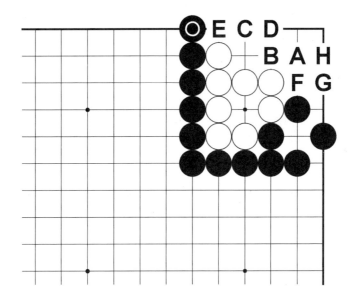

问题图（吃瓜观众）

　　白占有角端的有利地形，黑的唯一依仗就是黑●子硬腿。

　　首先被否定的进攻手段是黑二路A位跳，以下按白B、黑C、白D、黑E、白F、黑G、白H进行，黑●子硬腿沦为吃瓜观众。

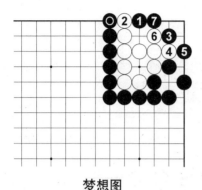

梦想图

梦想图（当年情）

在日本九段关山利夫和关山利一合著的《围棋死活题集锦》一书中，有一题名曰轻骑，和本题长得很像，故当年笔者看都不看，就认为正解是黑1、3两个跳，可化解接不归。

但是，白2若于3位尖呢？

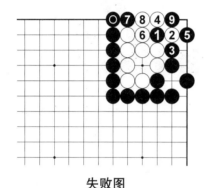

失败图

失败图（美中不足）

黑1靠入，借助了黑●子硬腿的威力，追究白整体之气紧。

对白2扳，黑3断，白4一路打正应，接着黑5、7从两边压缩，最终黑9扑登场，只可惜是个两手劫，美中不足。

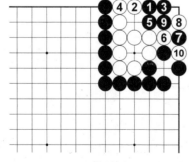

正解图

正解图（更进一步）

黑1大踏步跳入，比梦想图中的小跳更进一步。

对白2之尖顶，黑3并强手，白4团后，黑5以下楞是折腾出劫争，因其是一手劫，故优于上图。